Sinzenich
One-Pot-Gerichte
für kleine Kinder

Steffi Sinzenich lebt mit ihrem Mann und ihrem kleinen Sohn Tom in Köln. Auf ihrem Foodblog gaumenfreundin.de veröffentlicht sie gesunde Lieblingsrezepte für die ganze Familie. Alle ihre Rezepte stecken voller guter Zutaten, die auch Kinder lieben. Neben schnellen Alltagsrezepten gibt es auf ihrem Foodblog auch abwechslungsreiche Low-Carb-Rezepte und Tipps für die gesunde Baby- und Kinderernährung zu entdecken.

Steffi Sinzenich

One-Pot-Gerichte für kleine Kinder

TRIAS

11 **Kleine Kinder – große Esser**

12 **Warum ich die One-Pot-Küche
für Kleinkinder liebe**
13 Die Rezepte in diesem Buch
15 Das 1 × 1 des One-Pot-Kochens

16 **Essen für kleine Kinder**
16 Die wichtigsten Lebensmittel
18 Die Zutaten für meine One-Pot-
Rezepte
20 So geht es noch schneller!

23 **Die Rezepte**

24 **Frühstück**

36 **Nudeln**

56 **Reis & Getreide**

70 **Kartoffeln**

78 **One Pan – alles in einer Pfanne**

90 **One Sheet – ein Blech reicht**

102 **Rezeptregister**

Liebe Mamas und Papas,

als Mutter eines Kleinkindes fehlt mir oft die Zeit, um lange in der Küche zu stehen. Da mir eine gesunde und abwechslungsreiche Ernährung aber sehr am Herzen liegt und ich meinem Sohn Tom die verschiedensten Obst- und Gemüsesorten schmackhaft machen möchte, habe ich die schnelle und einfache One-Pot-Küche lieben gelernt. Kombiniert mit leckeren Kartoffeln, Nudeln oder Reis, werden plötzlich selbst Brokkoli und Spinat gern mitgegessen. Und das Schöne: Ihr braucht für alle meine Gerichte nur einen einzigen Topf, eine Pfanne oder ein Backblech. So wird gesundes Kochen und Essen zum Kinderspiel.

Bei meinen Rezepten habe ich mich auf einfache Zutaten konzentriert, die kleine Kinder auch wirklich mögen. Die Gerichte werden sparsam gewürzt und mit leckeren Kräutern verfeinert. Denn schließlich geht es ja am Ende darum, dass die lieben Kleinen alle Gerichte mit Freude essen.

Meine Rezepte sind kinderleicht zubereitet, brauchen nur wenig Zeit und lassen sich ganz einfach variieren.

Und nun wünschen euch Tom und ich viel Spaß beim Ausprobieren und Genießen!

Eure Steffi

Gaumenfreundin – mein Foodblog

Ich heiße Steffi und lebe mit meinem Mann und unserem zweijährigen Sohn Tom im schönen Köln. Durch meine Liebe zu gutem Essen ist im Oktober 2013 mein Foodblog Gaumenfreundin.de entstanden, den ich seitdem mit viel Freude betreibe. Ich koche einfach wahnsinnig gern und mir macht es großen Spaß, meine Rezepte und Fotos mit anderen zu teilen.

Ich liebe die gesunde und ausgewogene Küche mit viel saisonalem Gemüse und vielfältigen Früchten. Weil mir als Mutter aber oft die Zeit fehlt, um lange in der Küche zu stehen, bevorzuge ich schnelle und einfache Rezepte, die ohne großen Aufwand zubereitet sind.

Auf meinem Blog schreibe ich über meine Lieblingsrezepte für die ganze Familie, aktuelle und inspirierende Kochbücher, spannende Events, die Ernährung von Babys und Kleinkindern, neue Produkte rund um die gesunde und schnelle Küche, und Dinge des täglichen Lebens, die mir besonders am Herzen liegen.

Schaut doch mal vorbei, ich würde mich sehr freuen!

www.gaumenfreundin.de

gaumenfreundin
food & family

KATEGORIE: KOCHEN FÜR KINDER

NUDELSALAT FÜR KINDER (MIT 5-MINUTEN-MAYONNAISE OHNE EI)

Kinder lieben Nudelsalat! Daher darf die leckere Beilage bei uns im Sommer zu keinem Grillfest fehlen. Aber auch für den...

MEHR LESEN »

💬 0 Kommentar

SCHNELLES FLADENBROT MIT 3 ZUTATEN

Enthält Werbung Der Grill ist schon angefeuert, alle Salate und Grillsaucen stehen bereit. Da fällt mir plötzlich auf, das ich...

MEHR LESEN »

GESUNDER GEBURTSTAGSKUCHEN FÜR KINDER

Gestern ist mein wunderbarer Junge zwei Jahre alt geworden. Zwei Jahre lang bin ich schon Mutter und jeden Tag so...

MEHR LESEN »

DAS BIN ICH

Auf meinem Blog findest du schnelle und gesunde Rezepte für die ganze Familie.
Schön, dass du hier bist!

BELIEBTESTE KATEGORIEN

LOW CARB

WEIGHT WATCHERS

KINDER-REZEPTE

Kleine Kinder – große Esser

Dank One Pot wird schnelles und gesundes Kochen zum Kinderspiel – ruckzuck stehen leckere Gerichte auf dem Tisch, die allen schmecken.

Warum ich die One-Pot-Küche für Kleinkinder liebe

Stundenlang in der Küche stehen? Berge von Geschirr? Das war einmal. Meine One-Pot-Rezepte für Kleinschmecker sind im Handumdrehen zubereitet.

Die Idee, ein Buch über schnelle One-Pot-Rezepte für kleine Kinder herauszubringen, ist mir durch meinen zweijährigen Sohn Tom gekommen. Da mir als Mutter eines kleinen Wirbelwindes oft die Muße fehlt, um lange Zeit in der Küche zu verbringen, kommen schnelle Ein-Topf-Rezepte wie gerufen. Und selbst der Abwasch ist bei One-Pot-Gerichten ruck-zuck erledigt, schließlich kochen wir die Gerichte, wie der Name schon sagt, in nur einem Topf.

Im turbulenten Alltag einer Mutter ist es oft eine kleine Herausforderung, täglich frisch und abwechslungsreich zu kochen. Schon allein die Suche nach einem ausgewogenen Rezept kann einem ganz schön Kopfzerbrechen bereiten. Das gemeinsame Mittagessen war auch bei uns lange Zeit ein leidiges Thema. Bis zu dem Tag, an dem ich dann angefangen habe, alle Zutaten für ein Gericht, wie zum Beispiel Gemüse, Kräuter, Nudeln und Soße, zusammen in einem Topf zu kochen. Herausgekommen sind leckere und ausgewogene Gerichte, die kleinen Kindern wirklich schmecken.

Statt lange Zeit in der Küche zu verbringen, nutze ich die gesparte Zeit nun, um mit Tom in Ruhe den Tisch zu decken oder Bücher zu lesen, während das Essen vor sich hin köchelt. Und meine kleine

Reis und Getreide (Seite 56) und Kartoffeln (Seite 70). Außerdem widme ich der One-Pan-Küche ein eigenes Kapitel (Seite 78). Hier wird die Mahlzeit in der Pfanne statt im Topf zubereitet. Als Bonus gibt es tolle Fingerfood-Ideen (Seite 90) für die Kleinsten zu entdecken, die ihr schnell und einfach im Ofen zubereiten könnt. Kinder lieben es ganz besonders, allein mit den Händen zu essen. Und auch mein Sohn Tom liebt gesundes Fingerfood, wie zum Beispiel selbstgemachte Hähnchen-Nuggets (Seite 92) oder Hackbällchen (Seite 97) aus dem Ofen.

Alle meine Rezepte sind Kombirezepte und für 1 Erwachsenen und 1 Kleinkind berechnet. Denn meist kann sich nur ein Elternteil um die Betreuung des Kindes kümmern. Sollten zwei Erwachsene mitessen, kann die Menge der Einfachheit halber verdoppelt werden.

Küchenhilfe freut sich ganz besonders, die vielen leckeren Lebensmittel für mich in den Topf zu geben, und hilft auch gerne beim Umrühren.

Die Rezepte in diesem Buch

Oft schon wurde ich gefragt, wie ich es schaffe, jeden Tag frisch zu kochen. Aber wenn ihr euch meine Rezepte anschaut, werdet ihr schnell merken, wie kinderleicht das ist. In diesem Buch findet ihr One-Pot-Frühstücksklassiker wie Porridge (Seite 28) oder Milchreis (Seite 30) sowie abwechslungsreiche One-Pot-Rezepte mit Nudeln (Seite 36),

Schnell, einfach und gesund

Mehrere Töpfe und Pfannen für ein Gericht? Damit ist dank One Pot nun Schluss, denn hier braucht man nur einen einzigen Topf für ein schnelles und gesundes Essen.

Für keines meiner Gerichte braucht ihr länger als 20 Minuten reine Arbeitszeit. Und auch die Zutatenlisten sind absolut überschaubar.

Leckeres aus Topf, Pfanne oder Ofen

One-Pot-Rezepte

Beim One-Pot-Kochen garen Nudeln, Kartoffeln, Reis, Hirse, Couscous, Quinoa oder Bulgur zusammen mit ausreichend Flüssigkeit, beliebigem Gemüse, Fisch, Fleisch oder Kräutern in einem Topf. So entstehen im Handumdrehen gesunde und leckere Gerichte für die schnelle Familienküche

Neben herzhaften One Pots wie dem Klassiker Nudeln »Bolognese« (Seite 48), dem Würstchen-Kartoffel-Topf (Seite 72) oder dem schnellen Gemüsereis (Seite 58), findet ihr in meinem Buch auch eine Menge süßer Rezepte.

Süße One-Pot-Gerichte eignen sich ganz besonders für das schnelle Familienfrühstück. Denn ein gesundes Frühstück ist die Basis für einen energievollen Start in den Tag. Als Basis für meine leckeren Frühstücksrezepte verwende ich Haferflocken, Hirseflocken, Milchreis, Grieß, Couscous und Quinoa. Getoppt mit viel frischem Obst ist schnell ein leckeres und ausgewogenes Frühstück gezaubert.

One-Pan-Rezepte

Meine Pfannenrezepte funktionieren ähnlich wie die One-Pot-Gerichte. Alle Zutaten werden in nur einer Pfanne gebraten oder gekocht und ergeben so eine leckere Mahlzeit oder einen tollen Snack. In diesem Buch habe ich euch unsere liebsten Rezepte für die Pfanne zusammengestellt – von der schnellen Asiapfanne (Seite 88) bis hin zu leckeren Kartoffel-Möhren-Rösti (Seite 86).

One-Sheet-Rezepte

Ofengerichte eignen sich hervorragend für die schnelle Zubereitung von leckerem Fingerfood. Die Zubereitung ist ein Kinderspiel und ihr zaubert mit wenig Aufwand ein leckeres Essen. Ob Hähnchen-Nuggets (Seite 92) oder süße Haferflockenkekse (Seite 100) – die One-Sheet-Gerichte in diesem Buch sind ein leckeres Fingerfood für kleine Entdecker.

Ich habe immer angegeben, bei welcher Temperatur die Gerichte im Backofen gegart werden. Wenn ihr einen Ofen ohne Umluft habt und stattdessen mit Ober-/ Unterhitze arbeitet, dann solltet ihr 20 °C addieren.

Das 1 × 1 des One-Pot-Kochens

Die amerikanische Fernsehköchin und »Über-Hausfrau« Martha Stewart hat mit dem Rezept für ihre »One Pan Pasta« einen echten Trend gestartet. Und das zu Recht! Denn diese schnelle und einfache Art zu kochen funktioniert ganz wunderbar und lässt sich beliebig variieren – ob für vegetarische Gerichte oder Klassiker wie Nudeln »Bolognese« (Seite 48).

Beim One-Pot-Kochen garen mehrere Zutaten zusammen in einem Topf und ergeben so in Rekordzeit eine schmackhafte und ausgewogene Mahlzeit.

Nudeln abgießen? Gemüse in einem zweiten Topf garen? Abspülen von mehreren Töpfen und Pfannen? Nicht nötig!

Grundzutaten beim One-Pot-Kochen sind Nudeln, Kartoffeln, Reis und Getreide. Kombiniert werden können die Basiszutaten mit beliebigem Gemüse, Kräutern, Fisch und Fleisch und werden zusammen in Gemüsebrühe oder Milch gekocht.

Fruchtige Nudeln (Seite 50)

Der richtige Topf beim One-Pot-Kochen: Eigentlich sind alle Töpfe für One-Pot-Gerichte geeignet. Ich empfehle jedoch beschichtete Töpfe. Dann brennt nichts an, auch wenn ihr mal zu beschäftigt seid zum Umrühren.

Essen für kleine Kinder

Ausgewogen, frisch und gesund – meine liebsten Zutaten für abwechslungsreiche One-Pot-Rezepte erfüllen alle Wünsche – und schmecken auch noch!

Der Mix macht's! Grundlage der gesunden Ernährung von Kindern ist eine ausgewogene Mischkost, die aus Obst und Gemüse, Getreideprodukten und Kartoffeln, Milchprodukten und pflanzlichen Ölen besteht.

Die wichtigsten Lebensmittel

Obst & Gemüse

Obst und Gemüse liefern eine Fülle von Vitaminen, Mineral- und Ballaststoffen. Ideal sind 5 Portionen Obst und Gemüse an Tag. Ob roh, gekocht oder als bunter Smoothie spielt dabei keine Rolle. Ich verwende – je nach Saison – bevorzugt regionale Produkte und greife zusätzlich auf TK-Obst und -Gemüse in Bioqualität zurück, welches für One-Pot-Gerichte besonders gut geeignet ist.

Getreideprodukte und Kartoffeln

Der wichtigste Energielieferant für unsere Körper sind die Kohlenhydrate, von denen Getreideprodukte und Kartoffeln eine Menge enthalten. 4–5 Portionen pro Tag sind ideal für die gesunde Ernährung. Je mehr Vollkornprodukte verwendet werden, desto besser. Meist biete ich Tom einen leckeren Mix aus Vollkorn- und Hartweizennudeln an.

Wegen seines hohen Anteils von Omega-3-Fettsäuren und Jod wird Fisch einmal pro Woche als Ergänzung zum Fleisch empfohlen, daher sind in meinem Buch auch leckere Gerichte mit Lachs zu finden.

Eier enthalten wichtige Vitamine und Mineralstoffe und sollten ein- bis zweimal pro Woche in den Ernährungsplan integriert werden.

Fette

Fette sollten grundsätzlich sparsam verwendet werden. 1 oder 2 Esslöffel pro Tag reichen völlig aus. Für meine Rezepte verwende ich am liebsten pflanzliche Öle (Rapsöl, Olivenöl) sowie Butter und Kokosöl zum Anbraten.

Milchprodukte

Wichtig für das gesunde Wachstum von Kindern ist Kalzium. Schon 500 ml Milch decken den größten Teil des Tagesbedarfs an Kalzium eines Kindes. Zusätzlich zur Milch können auch Käse, Quark und Joghurt einen festen Platz auf dem Kinder-Speiseplan einnehmen. Empfohlen werden 3 Portionen täglich.

Zucker

Zuckerhaltige Lebensmittel sollten für kleine Kinder nur sehr sparsam auf den Teller kommen. Statt raffinierten Zuckers verwende ich Ahornsirup, Honig, Kokosblütenzucker oder Apfelmark zum Süßen. Aber auch Bananen oder Datteln eignen sich ganz hervorragend, um dem Frühstücksbrei oder Pfannkuchen eine natürliche Süße zu verleihen.

Tierische Lebensmittel

Fleisch enthält wichtiges Eisen, Zink und B-Vitamine und sollte zweimal pro Woche auf dem Speiseplan stehen. Besonders gern mögen wir Gerichte mit Hähnchenbrustfilet.

Die Zutaten für meine One-Pot-Rezepte

Nudeln

Nudelsorten gibt es in unzähligen Variationen. Ich verwende vorzugsweise kurze Pastasorten für meine One-Pot-Nudelgerichte. Die können kleine Kinder einfach besser essen. Die Garzeit kann je nach Sorte zwischen 7 und 10 Minuten variieren. Ob ihr Eiernudeln, Vollkornnudeln, Nudeln aus Hartweizen oder gefärbte Nudeln verwendet, bleibt natürlich euch überlassen. Auch asiatische Mie-Nudeln eignen sich ganz hervorragend für die schnelle Küche.

Meine liebsten Nudeln sind: Mini-Penne, Dinkel-Muscheln, Makkaroni, Hörnchennudeln, Mini-Fusilli und Mini-Farfalle.

Reis & Getreide

Für meine Rezepte verwende ich 10-Minuten-Reis, den es in verschiedenen Sorten gibt – von Basmati- und Naturreis bis hin zum Parboiled Reis. Risottoreis, der beim Kochen besonders cremig wird, hat eine etwas längere Garzeit als die anderen Sorten und braucht ca. 15 Minuten.

Auch Couscous, Hirse, Quinoa und Bulgur eignen sich hervorragend für schnelle One-Pot-Gerichte und sind innerhalb weniger Minuten zubereitet. Hirse und Quinoa benötigen ca. 15 Minuten Zeit zum Garen. Couscous muss vor dem Verzehr nur 10 Minuten in heißem Wasser quellen. Bulgur ist nach 20 Minuten Koch- und Quellzeit zum Verzehr geeignet.

Kartoffeln

Für meine One-Pot-Kartoffelgerichte verwende ich vorwiegend festkochende Kartoffeln. Ich schneide die Kartoffeln für meine Rezepte stets in kleine Würfel. Die Garzeit liegt hier bei 10–15 Minuten. Kleingewürfelte Süßkartoffeln sind schneller gar und brauchen lediglich 5 Minuten.

Flüssigkeit

Die meisten meiner One-Pot-Gerichte garen in Gemüsebrühe. So bekommen die Basiszutaten eine gewisse Würze. Für eine cremige Soße könnt ihr auch Milch verwenden oder die Brühe mit Milch kombinieren. Ich verwende pasteurisierte Vollmilch (3,5 % Fett) oder für süße Gerichte auch gern pflanzliche Milch, wie zum Beispiel Mandelmilch. Auch passierte Tomaten eignen sich ganz hervorragend für leckere One Pots.

Bei der Flüssigkeitsmenge sollte man sich anfangs etwas zurückhalten und lieber zwischendurch, während des Garens, etwas nachgießen.

Fisch & Fleisch

In diesem Buch findet ihr neben vegetarischen Gerichten auch einige Rezepte mit Fisch und Fleisch. Neben Lachs und magerem Hähnchen- und Putenfleisch verwende ich Rinderhackfleisch für Rezeptklassiker wie Nudeln »Bolognese« (Seite 48) oder Hackbällchen aus dem Ofen (Seite 97).

Leckere Extras für One-Pot-Rezepte

Für eine besonders cremige Soße gebe ich am Ende der Garzeit etwas Frischkäse in den Topf. Genauso toll schmeckt geriebener Käse, Mozzarella oder Joghurt.

Gewürze und Kräuter

Durch Gewürze und Kräuter saugen sich eure Grundzutaten (Nudeln, Kartoffeln, Reis und Getreide) mit vielen leckeren Aromen voll.

Meine Gerichte kommen mit nur wenigen Gewürzen aus. Wer es etwas würziger mag, kann die Gerichte am Ende natürlich gerne nachwürzen. Wir selbst mögen Curry und mildes Paprikagewürz sehr gerne. Salz und Pfeffer verwende ich sparsam und lasse es auch oft komplett weg. Viel lieber würze ich mit Kräutern, von denen mein Sohn Tom Petersilie am liebsten mag. Aber auch Basilikum, Dill, Schnittlauch und gemischte Gartenkräuter schmecken ganz wunderbar in herzhaften One-Pot-Gerichten. Ich verwende fast ausschließlich Tiefkühl-Kräuter in Bio-Qualität. Die habe ich in verschiedenen Sorten immer vorrätig und spare mir damit das Waschen, Zupfen und Schnippeln.

Für süße Rezepte verwende ich statt Zucker gerne Ahornsirup kombiniert mit der Süße aus Früchten. Raffinierten Zucker verwende ich überhaupt nicht, weder für Kinderrezepte noch für mich selbst.

Gemüse

Das Gemüse lasse ich bei meinen Rezepten etwas länger garen. Ich persönlich mag es zwar gerne etwas knackiger, aber Kinder mögen lieber weiches Gemüse.

Je nach Garzeit kommt das Gemüse direkt mit den Basiszutaten (Nudeln, Kartoffeln, Reis & Getreide) in den Topf oder aber schon vorher oder etwas später.

Bei der Auswahl an Gemüsesorten könnt ihr ganz nach Belieben variieren. Erbsen, Möhren, Brokkoli, Zucchini, Tomaten, Spinat und Kohlrabi werden bei uns besonders gern gegessen. Aber auch Blu-

menkohl, Paprika, Bohnen, Kürbis und Champignons eignen sich hervorragend für ausgewogene One-Pot-Gerichte.

Obst

Meine süßen One-Pot-Gerichte kombiniere ich mit viel frischem Obst, das ihr ganz nach Saison oder persönlichem Geschmack beliebig austauschen könnt. Mein kleiner Feinschmecker mag am liebsten Äpfel, Bananen, Heidelbeeren, Erdbeeren, Birnen und Mangos.

Gut zu meinen One-Pot-Frühstücksrezepten passen aber auch Aprikosen, Himbeeren, Melonen, Nektarinen, Trauben, Feigen oder Kirschen.

In meinen fruchtigen Nudeln (Seite 50) mit Mango und Paprika habe ich Obst und Gemüse in einem herzhaft-süßen Gericht kombiniert.

So geht es noch schneller!

Gute Vorbereitung ist alles! Dann gelingt die schnelle Mahlzeit im Handumdrehen. Mit ein paar kleinen Tipps rund ums Einkaufen und die Zutatenauswahl geht's dann sogar noch schneller.

Wochenpläne schreiben

Ein wöchentlicher Speiseplan kann den Kochalltag mit Kind enorm erleichtern. Meistens kaufe ich nur einmal pro Woche ein und habe dann alle Zutaten für die Restwoche im Haus. Ausgenommen Fleisch – das kaufe ich immer frisch beim Metzger.

Einkaufslisten schreiben

Durch das Schreiben von Einkaufslisten wird man nicht dazu verleitet, Lebensmittel zu kaufen, die man am Ende gar nicht verwertet. Ich beziehe meinen Sohn in die Wocheneinkäufe ein und lasse ihn die Lebensmittel in den Einkaufswagen legen.

Kinder mithelfen lassen

Mit einem quengelnden Kind dauert ein schnelles Gericht schon mal etwas länger als erforderlich. Daher beziehe ich Tom in die Zubereitung der Mahlzeiten mit ein und motiviere ihn dazu, mitzuhelfen. Kleine Aufgaben, wie die Zutaten in den Topf geben, Rühren, Obst und Gemüse waschen oder den Tisch decken, kann er mit seinen zwei Jahren schon ganz wunderbar übernehmen. Mitmachen zu dürfen macht Tom nicht nur stolz, es macht ihm auch großen Spaß!

Zutaten abwiegen

Am schnellsten gelingt das One-Pot-Rezept, wenn ihr euch die Zutaten aus der Zutatenliste schon vor dem Kochen abwiegt und bereitstellt.

Vorratsschrank befüllen

Nudeln, Reis, Quinoa, Bulgur, Couscous und Hirse habe ich eigentlich immer vorrätig. Auch Mais, Kidneybohnen, gestückelte oder passierte Tomaten, Kokosmilch, Öle, verschiedene Mehlsorten (ich bevorzuge Dinkelmehl Type 1050 oder Dinkelvollkornmehl) und Gemüsebrühe stehen immer griffbereit im Vorratsschrank.

Tiefkühlprodukte verwenden

Gemüse, Obst und Kräuter haben tiefgekühlt eine sehr gute Qualität. Mein Tiefkühlfach ist immer gefüllt mit verschiedensten Zutaten wie Erbsen und Möhren, Spinat, Beeren, Lachsfilet und Kräutern, sodass ich, auch ohne einzukaufen, Tag für Tag leckere Gerichte kochen kann.

Die Rezepte

Gesundes fürs Frühstück, viel Gemüse zum Mittagessen und abwechslungsreiche Snacks für jede Gelegenheit – alles ist in maximal 20 Minuten zubereitet.

Hirse-Müsli mit Mango

>> Schnell, lecker und ein tolles Frühstück für kleine Frühaufsteher, die schnell eine warme Mahlzeit genießen möchten.

Für 1 Kind und 1 Erwachsenen • gelingt leicht
⊘ 10 Min. + 5 Min. Kochzeit

1 reife Mango • 50 g Hirseflocken • 20 g Haferflocken • ½ TL gemahlene Vanille • 300 ml Mandelmilch • 3 EL Cornflakes, ungesüßt • 1 EL gehackte Mandeln

● Die Mango schälen und in kleine Würfel schneiden.

● Hirseflocken, Haferflocken, Vanille und Mandelmilch in einen kleinen Topf geben und aufkochen.

● Anschließend noch 5 Min. bei schwacher Hitze köcheln lassen.

● Das Hirse-Müsli mit den Cornflakes, gehackten Mandeln und Mangowürfeln servieren.

Grießbrei mit Beeren

>> Der Klassiker schmeckt zum Frühstück genauso gut wie an kalten Tagen als wärmendes Abendessen.

Für 1 Kind und 1 Erwachsenen •
geht schnell
⊘ 10 Min. + 5 Min. Kochzeit

1 Banane • 1 EL Ahornsirup (alternativ Honig) • 70 g Dinkelgrieß • 300 ml Milch • 100 g gemischte Beeren (z. B. Heidelbeeren, Erdbeeren, Himbeeren)

● Die Banane schälen und in einer Schüssel mit der Gabel zerdrücken. Den Ahornsirup unterheben.

● Milch in einem kleinen Topf aufkochen. Anschließend den Grieß dazugeben und bei geringer Hitze unter ständigem Rühren mit einem Schneebesen 5 Min. köcheln lassen.

● Die Beeren waschen und in mundgerechte Stücke schneiden.

● Das Bananenmus unter den Grieß heben und mit den Beeren servieren.

Warmer Couscous mit Heidelbeeren

>> Warmer Couscous schmeckt zum Frühstück oder als süßer Nachmittagssnack und lässt sich prima vorbereiten.

Für 1 Kind und 1 Erwachsenen •
gut vorzubereiten
⊘ 5 Min. + 10 Min. Kochzeit

100 g Heidelbeeren • 1 EL Ahornsirup • 200 ml Milch, z. B. Kokosmilch • 80 g Couscous • ¼ TL gemahlene Vanille • Zimt • 1 Banane

● Die Heidelbeeren waschen. Zusammen mit dem Ahornsirup in einem kleinen Topf geben und aufkochen. Unter Rühren 5 Min. köcheln lassen, dabei einzelne Beeren mit dem Kochlöffel zerdrücken.

● Nun Milch, Couscous, Vanille und Zimt in den Topf geben. Aufkochen und dann bei geringer Hitze 5–10 Min. quellen lassen.

● Die Banane in Scheiben schneiden und zum Couscous servieren.

⟩⟩ Warmer Couscous mit Heidelbeeren

Vanille-Porridge mit Apfel

>> Wenn Tom morgens statt Brot lieber Porridge essen will, dann bringt er mir grinsend seine Schüssel und einen Löffel in die Küche.

Für 1 Kind und 1 Erwachsenen • geht schnell
⊘ 5 Min. + 5 Min. Kochzeit

1 Apfel • 70 g zarte Haferflocken (alternativ Hirseflocken) • 300 ml Milch • 1 TL gemahlene Vanille • 1 Prise Zimt • 1 TL Ahornsirup (alternativ Honig)

● Den Apfel schälen und in kleine Würfel schneiden.

● Die Haferflocken zusammen mit Milch, Vanille, Zimt, Apfelwürfeln und Ahornsirup in einen Topf geben und aufkochen. Bei kleiner Hitze 5 Min. quellen lassen. Gelegentlich umrühren und bei Bedarf noch etwas Milch hinzufügen.

● Ganz nach Belieben mit frischen Früchten, Früchtekompott oder Müsli garnieren.

Schoko-Bananen-Porridge

>> Mhhh Schoko – Das schnell gemachte Schoko-Bananen-Porridge mag Tom besonders gern. Und es schmeckt auch der Mama richtig gut!

Für 1 Kind und 1 Erwachsenen • gelingt leicht
⊘ 5 Min. + 5 Min. Kochzeit

70 g zarte Haferflocken • 150 ml Wasser • 150 ml Milch • 1 TL Kakaopulver • ½ TL gemahlene Vanille • 1 TL Ahornsirup (alternativ Honig) • 1 Banane

● Haferflocken mit Wasser, Milch, Kakaopulver, Vanille und Ahornsirup in einen Topf geben und aufkochen.

● Bei kleiner Hitze 5 Min. quellen lassen. Gelegentlich umrühren.

● Die Banane schälen, in Scheiben schneiden und zum Porridge servieren.

>> Vanille-Porridge mit Apfel

Apfel-Milchreis

>> Am Anfang mochte Tom keinen Milchreis. Aber diese Variante mit Äpfeln und Zimt verschlingt er geradezu.

Für 1 Kind und 1 Erwachsenen • braucht etwas mehr Zeit
⊘ 5 Min. + 30 Min. Kochzeit

400 ml Milch • 70 g Milchreis • 1 Apfel • ½ TL gemahlene Vanille • Zimt • 2 EL Rosinen

● Die Milch in einen kleinen Topf geben und aufkochen. Anschließend den Milchreis dazugeben. Auf mittlerer Stufe 15 Min. ziehen lassen, bis er eine cremige Konsistenz hat. Dabei gelegentlich umrühren, damit der Reis nicht ansetzt.

● Den Apfel schälen, fein würfeln und mit der Vanille unter den Milchreis heben. Bei geringer Hitze weitere 15 Min. ziehen lassen.

● Den fertigen Milchreis mit Zimt und Rosinen servieren.

Variante Risotto- statt Milchreis.

Himbeer-Bananen-Marmelade

>> Marmelade schmeckt selbstgemacht einfach so viel besser. Toms absolute Lieblingssorte ist Himbeer-Banane.

Für 1 Glas • gelingt leicht
⊘ 5 Min. + 15 Min. Kochzeit

125 g Himbeeren • 1 Banane • 1 EL Ahornsirup (alternativ Honig) • 2 EL Chiasamen • 1 EL Wasser • 1 TL Zitronensaft

● Die Himbeeren waschen und die Banane schälen.

● Beides zusammen mit dem Ahornsirup in einen kleinen Topf geben und mit einer Gabel zerdrücken. Aufkochen und Chiasamen, Wasser und Zitronensaft zugeben. 15 Min. bei kleiner Hitze köcheln lassen, dabei gelegentlich umrühren.

● In ein abgekochtes Glas füllen und abkühlen lassen.

Zucchini-Brotaufstrich

>> Mit gebratener Zucchini und Tomaten schmeckt Frischkäse noch viel besser zum herzhaften Frühstück.

Für 1 Glas • geht schnell
⊘ 10 Min. + 5 Min. Kochzeit

- ½ Zucchini (ca. 150 g)
- 1 Schalotte
- 1 Tomate
- 1 EL Olivenöl
- Salz
- Pfeffer
- Paprikapulver, mild
- 1 TL Dill
- 50 g Frischkäse
- 1 TL Zitronensaft

● Die Zucchini in kleine Würfel schneiden. Die Schalotte schälen und klein hacken. Die Tomate in Würfel schneiden.

● Olivenöl in einem kleinen Topf erhitzen und Zucchini und Schalotten hinzugeben und kurz anbraten.

● Nun die Tomatenwürfel zufügen und mit Salz, Pfeffer, Paprikapulver und Dill würzen.

● 5 Min. bei mittlerer Hitze unter Rühren braten.

● Das Gemüse mit einem Stabmixer pürieren und Frischkäse und Zitronensaft einrühren.

● Den Brotaufstrich in ein abgekochtes Glas füllen und abkühlen lassen.

Warmes Bircher Müsli

>> Ein tolles Frühstücksmüsli für kleine Feinschmecker, das selbstgemacht einfach viel besser schmeckt.

Für 1 Kind und 1 Erwachsenen • gelingt leicht
⊘ 10 Min. + 10 Min. Kochzeit

1 Birne • 1 TL Kokosöl (alternativ Butter) • 1 TL Zimt • 50 g zarte Haferflocken • 250 ml Milch • 1 TL Ahornsirup (alternativ Honig) • 2 EL Naturjoghurt • 2 EL Rosinen

● Die Birne in kleine Stücke schneiden.

● Kokosöl in einem kleinen Topf zerlassen und die Birnenstückchen mit dem Zimt unter Rühren 5 Min. anbraten.

● Haferflocken, Milch und Ahornsirup zugeben und aufkochen. 10 Min. bei mittlerer Hitze köcheln lassen, dabei gelegentlich umrühren.

● Joghurt und Rosinen unterheben.

Variante Das warme Bircher Müsli schmeckt auch mit Apfel statt Birne.

Gebratener Apfel mit Vanille-Joghurt

>> Wenn Tom morgens einen Joghurt essen möchte, dann am allerliebsten mit gebratenen Apfelstückchen und Zimt.

Für 1 Kind und 1 Erwachsenen • gelingt leicht
⊘ 10 Min. + 5 Min. Kochzeit

2 Äpfel • 200 g Naturjoghurt • ½ TL gemahlene Vanille • 1 TL Ahornsirup (alternativ Honig) • 2 EL feine Haferflocken • 1 TL Kokosöl (alternativ Butter) • 1 TL Zimt

● Die Äpfel schälen und klein würfeln.

● Den Naturjoghurt mit der Vanille, dem Ahornsirup und den Haferflocken verrühren.

● Kokosöl in einem kleinen Topf zerlassen und die Apfelwürfel mit dem Zimt unter Rühren 5 Min. anbraten, bis der Apfel schön weich ist.

● Den Joghurt zum gebratenen Apfel servieren.

↗ Warmes Bircher-Müsli

Obstsalat mit Quinoa

Orangen-Couscous

>> Schnell gemacht und genauso schnell gegessen.

Für 1 Kind und 1 Erwachsenen •
geht schnell
◷ 10 Min + 20 Min. Kochzeit

70 g Quinoa • 200 ml Wasser • 2 Stiele Minze • 6 EL Orangensaft • 1 EL Ahornsirup (alternativ Honig) • 300 g Obst (z. B. Erdbeeren, Heidelbeeren und Weintrauben)

● Quinoa in ein Sieb geben und mit heißem Wasser abspülen.

● Quinoa in kochendes Wasser geben und bei kleiner Hitze und geschlossenem Deckel 15 Min. ziehen lassen. Dann den Topf vom Herd nehmen und ohne Deckel weitere 5 Min. quellen lassen.

● Währenddessen das Obst in mundgerechte Stücke schneiden. Die Minzblätter fein hacken. Aus Orangensaft, Ahornsirup und Minze ein Dressing anrühren.

● Dressing unter lauwarme Quinoa heben und mit dem Obst servieren.

>> Schmeckt frisch und fruchtig. Den Orangen-Couscous essen wir auch häufiger am Nachmittag als kleinen Snack.

Für 1 Kind und 1 Erwachsenen •
gelingt leicht
◷ 5 Min. + 10 Min. Kochzeit

200 g Obst (z. B. Apfel, Beeren, Banane) • 200 ml Orangensaft (am besten frisch gepresst) • 70 g Couscous • 1 EL Rosinen • 1 EL gehackte Walnüsse

● Das Obst in kleine Würfel schneiden.

● Den Orangensaft in einen Topf geben und aufkochen. Den Topf vom Herd nehmen, Couscous zufügen und mit geschlossenem Deckel 10 Min. quellen lassen.

● Den Couscous mit den Obstwürfeln, Rosinen und Walnüssen servieren.

Variante Der Couscous schmeckt auch mit Apfel- statt Orangensaft.

↔ Obstsalat mit Quinoa

NUDELN

Nudeln mit Erbsen, Möhren und Schinken

>> Zartes Gemüse in cremiger Soße – dieses schnelle Nudelgericht gehört zu Toms absoluten Leibspeisen.

Für 1 Kind und 1 Erwachsenen • gelingt leicht
🕓 5 Min. + 8 Min. Kochzeit

2 Scheiben Kochschinken • 120 g Nudeln, z. B. Mini-Penne • 200 ml Wasser • 150 ml Milch • 100 g Erbsen-Möhren-Mischung, TK • 2 EL gehackte Petersilie, TK • etwas Salz • etwas Pfeffer

● Den Kochschinken in kleine Stücke schneiden.

● Nudeln mit Wasser, Milch, Erbsen-Möhren-Mischung, Schinken und Petersilie in einen kleinen Topf geben und aufkochen.

● Dann bei mittlerer Hitze ohne Deckel 8 Min. köcheln lassen, dabei gelegentlich umrühren.

● Das Ganze sparsam mit Salz und Pfeffer abschmecken.

Nudeln mit Brokkoli und Tomaten

〉〉 Tom war früher ein kleiner Gemüsemuffel. Das kann ich mir jetzt gar nicht mehr vorstellen, so gern wie er bei dem schnellen Brokkoli-Gericht zulangt.

Für 1 Kind und 1 Erwachsenen •
geht schnell
⊘ 10 Min. + 8 Min. Kochzeit

1 kleiner Brokkoli • 1 Schalotte • 10 Kirschtomaten • 120 g Nudeln, z. B. Dinkel-Spirelli • 450 ml Gemüsebrühe • 2 EL gehackte Petersilie, TK • 2 EL Frischkäse

● Den Brokkoli in kleine Röschen schneiden. Die Schalotte schälen und klein würfeln, die Kirschtomaten vierteln.

● Die Nudeln mit Gemüsebrühe, Schalotten, Brokkoli und Petersilie in einen kleinen Topf geben. Das Ganze mit geschlossenem Deckel kurz aufkochen und dann bei mittlerer Hitze ohne Deckel 8 Min. köcheln lassen. Dabei gelegentlich umrühren.

● Nach 5 Min. Kochzeit die Tomaten hinzugeben und den Frischkäse unterheben.

Nudeln mit Zucchini und Champignons

〉〉 Mit diesem Nudeltopf konnte ich Tom endlich davon überzeugen, dass Champignons richtig lecker schmecken.

Für 1 Kind und 1 Erwachsenen •
geht schnell
⊘ 5 Min. + 8 Min. Kochzeit

1 kleine Zucchini • 4 Champignons • 120 g Nudeln, z. B. Dinkel-Muscheln • 450 ml Gemüsebrühe • 2 EL Frischkäse • 1 EL geriebener Parmesan

● Die Zucchini längs halbieren und in Scheiben schneiden. Die Champignons klein schneiden.

● Die Nudeln mit Gemüsebrühe, Zucchini und Champignons in einen kleinen Topf geben. Mit geschlossenem Deckel aufkochen. Anschließend bei mittlerer Hitze ohne Deckel 8 Min. köcheln lassen und dabei gelegentlich umrühren.

● Frischkäse unterheben und mit geriebenem Parmesan servieren.

〉〉 Nudeln mit Brokkoli und Tomaten

Nudeln mit Tomaten und Basilikum

>> Welches Kind mag keine Nudeln mit Tomatensoße? Der Klassiker geht jetzt ganz schnell und schmeckt Tom am allerbesten mit geriebenem Parmesan.

Für 1 Kind und 1 Erwachsenen • gelingt leicht
⊘ 5 Min. + 8 Min. Kochzeit

- 1 Schalotte
- 1 kleine Knoblauchzehe
- 10 Kirschtomaten
- 120 g Nudeln,
  z. B. Mini-Penne

- 150 g gehackte Tomaten
- 250 ml Gemüsebrühe
- 2 EL gehacktes
  Basilikum, TK
- 1 EL Olivenöl

- etwas Salz
- etwas Pfeffer
- 2 EL geriebener Parmesan

● Die Schalotte schälen und klein würfeln, den Knoblauch fein hacken und die Kirschtomaten vierteln.

● Die Nudeln mit den gehackten Tomaten, der Gemüsebrühe, dem Basilikum, Olivenöl, Knoblauch und den Zwiebeln in einen kleinen Topf geben.

● Mit geschlossenem Deckel kurz aufkochen. Dann bei mittlerer Hitze 8 Min. ohne Deckel köcheln lassen, dabei gelegentlich umrühren. Nach 5 Min. Kochzeit die Tomaten hinzugeben.

● Sparsam mit Salz und Pfeffer abschmecken und mit geriebenem Parmesan servieren.

Würstchentopf

>> Bei dem leicht süßlichen Würstchentopf isst Tom als Erstes die Würstchen und widmet sich anschließend dem leckeren Gemüse.

Für 1 Kind und 1 Erwachsenen • geht schnell
⊘ 10 Min. + 8 Min. Kochzeit

- 1 Möhre
- 2 Wiener Würstchen
- 1 EL Rapsöl
- 150 ml Gemüsebrühe

- 200 g passierte Tomaten
- 100 g Nudeln, z. B. Makkaroni
- 1 kleine Dose Mais

- 100 g Erbsen, TK
- 2 EL gehackte Petersilie, TK
- etwas Salz
- etwas Pfeffer

● Die Möhre schälen und klein würfeln. Die Würstchen in Scheiben schneiden.

● Das Rapsöl in einem kleinen Topf erhitzen, dann Möhrenwürfel und Würstchen 3 Min. anbraten.

● Die Gemüsebrühe mit den passierten Tomaten, Nudeln, dem Mais, den Erbsen und der Petersilie in den Top geben und mit geschlossenem Deckel aufkochen. Dann ohne Deckel bei mittlerer Hitze 8 Min. köcheln lassen und dabei gelegentlich umrühren.

● Das Ganze sparsam mit Salz und Pfeffer abschmecken.

Nudeln mit Spinat und Tomaten

>> Spinat mag Tom am liebsten in einer cremigen Soße.

Für 1 Kind und 1 Erwachsenen •
gelingt leicht
🕐 5 Min. + 10 Min. Kochzeit

1 Schalotte • 4 Mini-Rispentomaten • 150 g gehackter Blattspinat, TK • 1 TL Rapsöl • 120 g Nudeln, z. B. Mini-Farfalle • 150 ml Milch • 150 ml Gemüsebrühe • etwas Salz • etwas Pfeffer • 2 EL geriebener Parmesan

● Die Schalotte schälen und fein würfeln. Die Tomaten klein würfeln und den Spinat leicht antauen lassen.

● Öl in einem Topf erhitzen und die Schalotten 1 Min. darin anschmoren.

● Nudeln, Spinat, Milch und Brühe zugeben und aufkochen. Bei mittlerer Hitze 10 Min. köcheln lassen. Kurz vor Ende die Tomaten unterheben.

● Mit Salz und Pfeffer abschmecken und mit Parmesan servieren.

Nudeln mit Hühnchen in Tomatensoße

>> Die Nudeln schmecken einfach immer.

Für 1 Kind und 1 Erwachsenen •
gelingt leicht
🕐 10 Min. + 10 Min. Kochzeit

1 Hähnchenbrustfilet • 1 kleine Zucchini • 50 g Champignons • 100 g Nudeln • 100 g Erbsen, TK • 150 ml Hühnerbrühe • 150 ml gehackte Tomaten • 1 EL Kräuter der Provence, TK • etwas Salz • etwas Pfeffer • 2 EL geriebener Parmesan

● Das Hähnchenbrustfilet und die Zucchini in kleine Würfel schneiden. Die Champignons in Scheiben schneiden.

● Die Nudeln zusammen mit Erbsen, Zucchini, Champignons, Hühnerbrühe, gehackte Tomaten und Kräutern in einem Topf aufkochen. Hähnchen zugeben und 10 Min. bei offenem Deckel köcheln lassen.

● Mit Salz und Pfeffer abschmecken und mit Parmesan servieren.

❯❯ Nudeln mit Spinat und Tomaten

Konfetti-Nudeln

>> Die Konfetti-Nudeln sehen nicht nur schön bunt aus – das Gemüse passt auch einfach toll zu dem würzigen Nudel-gericht.

Für 1 Kind und 1 Erwachsenen • gelingt leicht
⊘ 10 Min. + 8 Min. Kochzeit

- 1 Schalotte
- 1 Möhre
- 1 rote Paprika
- 100 g Cocktailtomaten
- 1 kleine Dose Mais
- 1 EL Rapsöl
- 120 g Nudeln,
   z. B. Mini-Penne
- 50 g Erbsen, TK
- 200 ml Gemüsebrühe
- 100 ml Milch
- 1 EL Petersilie, TK
- etwas Salz
- etwas Pfeffer
- Paprikapulver, mild

● Die Schalotte und die Möhre schälen und in kleine Würfel schneiden. Die Paprika ebenfalls klein würfeln. Die Cocktailtomaten achteln. Den Mais abtropfen lassen.

● Das Rapsöl in einem kleinen Topf erhitzen. Schalotte, Paprika und Möhren dazugeben und das Ganze 3 Min. anbraten.

● Nudeln, Erbsen, Brühe, Milch, Tomaten und die Petersilie zugeben und mit geschlossenem Deckel aufkochen. Dann bei mittlerer Hitze ohne Deckel 8 Min. köcheln lassen. Dabei gelegentlich umrühren. Kurz vor Ende der Garzeit den Mais unterheben.

● Sparsam mit Salz, Pfeffer und Paprikapulver abschmecken.

▸ Konfetti-Nudeln

Nudeln mit Kürbis und Kokosmilch

>> Wunderbar cremig und ein tolles, schnelles Essen für alle kleinen Kürbisfans. Tom mag gerne noch etwas geriebenen Parmesan zu seinen Kürbisnudeln.

Für 1 Kind und 1 Erwachsenen • exotische Zutaten
⊘ 15 Min. + 10 Min. Kochzeit

- 200 g Hokkaidokürbis
- 2 Möhren
- 1 Schalotte
- 1 EL Rapsöl

- 100 g Nudeln, z. B. Pipe Rigate
- 150 ml Kokosmilch
- 200 ml Gemüsebrühe
- 1 TL Currypulver

- 1 EL Rosinen
- etwas Salz
- etwas Pfeffer
- etwas Zimt
- 1 EL geriebener Parmesan

● Den Kürbis mit der Schale in ganz kleine Würfel schneiden. Möhren und Schalotte schälen und klein schneiden.

● Rapsöl in einem kleinen Topf erhitzen, dann die Schalotte mit Kürbis und Möhren 3 Min. anbraten.

● Nudeln, Kokosmilch, Gemüsebrühe und Currypulver dazugeben. Mit geschlossenem Deckel aufkochen. Dann bei mittlerer Hitze 10 Min. ohne Deckel köcheln lassen.

● Nun Rosinen unterheben und sparsam mit Salz, Pfeffer und Zimt abschmecken. Am Ende mit Parmesan garnieren.

Tipp Ihr bekommt den Hokkaidokürbis auch schon klein geschnitten als TK-Ware.

Nudeln mit Lachs und Zucchini

>> Fisch mag Tom richtig gerne – aber nur versteckt in One-Pot-Gerichten.

Für 1 Kind und 1 Erwachsenen •
gelingt leicht
⏱ 10 Min. + 8 Min. Kochzeit

100 g frischer Lachs, ohne Haut • 1 Zucchini • 100 g Nudeln, z. B. Mini-Fusilli • 1 EL gehackter Dill, TK • 300 ml Wasser • Salz • 1 TL Zitronensaft • 1 EL Frischkäse • Pfeffer

● Den Lachs waschen und in kleine Würfel schneiden. Die Zucchini in Scheiben schneiden.

● Nudeln, Zucchini und Dill mit Wasser in den Topf geben und leicht salzen. Mit geschlossenem Deckel aufkochen. Bei mittlerer Hitze ohne Deckel 4 Min. köcheln lassen.

● Nun den Lachs unterheben und bei geschlossenem Deckel 4 Min. garen.

● Abschließend noch Zitronensaft und Frischkäse unterheben und sparsam mit Salz und Pfeffer abschmecken.

Nudeln Caprese mit Avocado

>> Nudeln, Mozzarella, Tomaten und Avocado ergeben ein leckeres One-Pot-Gericht.

Für 1 Kind und 1 Erwachsenen •
geht schnell
⏱ 10 Min. + 8 Min. Kochzeit

150 g Kirschtomaten • 1 Schalotte • 75 g Mozzarella • 120 g Nudeln, z. B. Mini-Farfalle • 250 ml Gemüsebrühe • 50 ml Milch • 1 EL Tomatenmark • 2 TL Basilikumpesto • ½ Avocado

● Tomaten vierteln. Schalotte, Mozzarella und Avocado klein würfeln.

● Nudeln mit Gemüsebrühe, Milch, Tomaten, Tomatenmark und Schalottenwürfeln in einen kleinen Topf geben und aufkochen. Dann bei mittlerer Hitze 8 Min. ohne Deckel köcheln lassen.

● Kurz vor Ende der Garzeit das Pesto, die Mozzarella- und Avocadowürfel unterheben.

Nudeln »Bolognese«

>> Bolognese-Nudeln sind bei den meisten Kindern ganz beson-
ders beliebt. Und das klein geschnittene Gemüse wird gerne
ohne Meckern mitgegessen.

Für 1 Kind und 1 Erwachsenen • gelingt leicht
⊘ 15 Min. + 10 Min. Kochzeit

- 1 Schalotte
- 1 Möhre
- 1 Stange Staudensellerie
- 1 EL Rapsöl
- 150 g Hackfleisch vom Rind
- 120 g Nudeln, z. B. Makkaroni
- 200 g gehackte Tomaten
- 300 ml Gemüsebrühe
- 1 EL gehackte italienische Kräuter, TK
- 100 g Cocktailtomaten
- etwas Salz
- etwas Pfeffer
- 2 EL geriebener Parmesan

● Die Schalotte schälen und fein hacken, die Möhre ebenfalls schälen und in kleine Würfel schneiden. Den Staudensellerie ebenfalls klein würfeln.

● Rapsöl in einem großen Topf erhitzen und das Hackfleisch krümelig anbraten. Schalotten, Möhren und Sellerie zugeben und 3 Min. mitbraten.

● Die Nudeln, gehackte Tomaten, Gemü-sebrühe und die Kräuter hinzugeben. Mit geschlossenem Deckel aufkochen und an-schließend bei mittlerer Hitze 10 Min. ohne Deckel köcheln lassen, bis die Nu-deln gar sind und das Gemüse weich ist. Gelegentlich umrühren und eventuell Wasser nachgießen.

● Die Cocktailtomaten vierteln und un-terheben. Sparsam mit Salz und Pfeffer abschmecken und am Ende mit geriebe-nem Parmesan servieren.

●> Nudeln »Bolognese«

Fruchtige Nudeln mit Mango und Paprika

>> Durch die Mango wird das One-Pot-Nudelgericht wunderbar fruchtig – und das mögen kleine Kinder ja ganz besonders.

Für 1 Kind und 1 Erwachsenen • exotische Zutaten
◷ 10 Min. + 8 Min. Kochzeit

- 1 Paprika
- 1 EL Rapsöl
- 120 g Nudeln, z. B. Mini-Farfalle
- 350 ml Gemüsebrühe
- 2 EL gehacktes Basilikum, TK
- 1 EL Ziegenfrischkäse (oder anderen Frischkäse)
- ½ TL Paprikapulver, mild
- 100 g gewürfelte Mango

● Die Paprika in kleine Würfel schneiden.

● Rapsöl in einem kleinen Topf erhitzen und die Paprikawürfel 2 Min. anbraten.

● Die Nudeln, Gemüsebrühe und das Basilikum zugeben und mit geschlossenem Deckel kurz aufkochen. Dann bei mittlerer Hitze 10 Min. ohne Deckel köcheln lassen. Gelegentlich umrühren.

● Den Ziegenfrischkäse unterheben, das Paprikapulver zugeben und die Nudeln mit den Mangowürfeln servieren.

Tipp Die restlichen Mangowürfel könnt ihr auch als Beilage zu meinem Porridge (Seite 28) verwenden.

»Wikinger«-Topf

>> Dieser schnelle Wikingertopf mit viel leckerem Gemüse und Hackfleisch schmeckt kleinen wie auch großen Wikingern.

Für 1 Kind und 1 Erwachsenen •
gelingt leicht
⊘ 10 Min. + 10 Min. Kochzeit

¼ Kohlrabi (ca. 50 g) • 1 EL Rapsöl • 150 g Hackfleisch, Rind • 120 g Nudeln, z. B. Mini-Penne • 200 ml Gemüsebrühe • 150 ml Milch • 150 g Erbsen-Möhren-Mischung, TK

● Den Kohlrabi schälen und in kleine Würfel schneiden.

● Rapsöl in einem kleinen Topf erhitzen und das Hackfleisch krümelig anbraten. Kohlrabi zugeben und 3 Min. mitbraten.

● Die Nudeln, Gemüsebrühe, Milch und die Erbsen-Möhren-Mischung zugeben.

● Mit geschlossenem Deckel kurz aufkochen. Dann bei mittlerer Hitze 10 Min. ohne Deckel köcheln lassen.

Nudeln mit Blumen-kohl und Parmesan

>> Der perfekte One Pot für kleine Gemüsemuffel! Durch die cremige Parmesan-Soße kommt selbst der Blumenkohl gut an.

Für 1 Kind und 1 Erwachsenen •
gelingt leicht
⊘ 10 Min. + 10 Min. Kochzeit

1 kleiner Blumenkohl • 100 g Nudeln, z. B. Mini-Fusilli • 150 ml Milch • 250 ml Wasser • 50 g Parmesan • 1 EL gehackte Petersilie, TK • etwas Salz • etwas Pfeffer

● Den Blumenkohl klein würfeln und zusammen mit den Nudeln, Milch, Wasser, Parmesan und Petersilie in einen kleinen Topf geben.

● Bei geschlossenem Deckel kurz aufkochen. Anschließend bei mittlerer Hitze 10 Min. ohne Deckel köcheln lassen. Gelegentlich umrühren und bei Bedarf Wasser zugeben.

● Das Ganze sparsam mit Salz und Pfeffer würzen.

▶▶ »Wikinger«-Topf

Nudel-Frikassee

>> Der Kinderklassiker mit mildem Gemüse schmeckt Groß und Klein.

Für 1 Kind und 1 Erwachsenen •
gelingt leicht
⊘ 10 Min. + 10 Min. Kochzeit

1 kleines Glas Spargelspitzen • 1 Hähnchenbrustfilet, ca. 200 g • 150 ml Hühnerbrühe • 150 ml Milch • 100 g Nudeln • 150 g Erbsen-Möhren-Mischung, TK • 1 EL Frischkäse • 1 EL Zitronensaft

● Den Spargel abtropfen lassen und in kleine Stücke schneiden. Das Hähnchenbrustfilet klein würfeln.

● Hühnerbrühe, Milch, Nudeln, Erbsen und Möhren zugeben. Mit geschlossenem Deckel kurz aufkochen, dann die Hähnchenwürfel hinzugeben. Bei mittlerer Hitze 10 Min. köcheln lassen, dabei gelegentlich umrühren.

● 2 Min. vor Ende der Garzeit den Spargel und den Frischkäse unterheben und den Nudeltopf am Ende mit Zitronensaft abschmecken.

Nudelsuppe mit Gemüse und Ei

>> Nudelsuppe ist bei allen Kindern eine beliebte Mahlzeit. Das Ei gibt einen ganz besonderen Geschmack.

Für 1 Kind und 1 Erwachsenen •
gelingt leicht
⊘ 15 Min. + 12 Min. Kochzeit

250 g Gemüse (Möhren, Kohlrabi, Blumenkohl, Erbsen, TK) • 2 EL Rapsöl • 750 ml Gemüsebrühe • 50 g Suppennudeln • 4 EL gehackte Petersilie, TK • 1 Ei

● Die Möhre und den Kohlrabi schälen und fein würfeln. Blumenkohl und Brokkoli in kleine Röschen teilen.

● Rapsöl in einem großen Topf erhitzen und das Gemüse darin 3 Min. anbraten.

● Gemüsebrühe zugeben, aufkochen und 10 Min. bei mittlerer Hitze köcheln lassen. 5 Min. vor Ende der Kochzeit Suppennudeln und Petersilie zugeben.

● Nun den Herd ausstellen. Das Ei in die Suppe geben, umrühren und 2 Min. in der heißen Suppe ziehen lassen.

Gemüsebrühe ohne Salz

>> Ganz ohne künstliche Geschmacksverstärker und Salz – Tom mag diese leckere Gemüsebrühe auch pur.

Für 1 Liter • braucht etwas mehr Zeit
⊘ 15 Min. + 1 Std. Kochzeit

- 500 g Gemüse (Möhren, Knollensellerie, Lauch, Blumenkohl)
- 1 Zwiebel
- 2 EL Rapsöl
- 1 Bund frische Kräuter (Petersilie, Thymian)
- 1 Lorbeerblatt
- 2 Pfefferkörner
- 1 ½ l Wasser

● Das Gemüse schälen und grob zerkleinern. Die Zwiebel schälen und vierteln.

● Das Öl in einem großen Topf erhitzen und das Gemüse darin leicht andünsten. Nun die Kräuter, das Lorbeerblatt, die Pfefferkörner und Wasser dazugießen und aufkochen. Mit geschlossenem Deckel und bei kleiner Hitze 1 Std. köcheln lassen.

● Nun die Suppe durch ein feines Sieb gießen und den Gemüsefond auffangen.

● Die Gemüsebrühe könnt ihr entweder direkt verwenden oder nochmals aufkochen und in heiß ausgekochte Schraubgläser füllen. Sie hält sich dann im Kühlschrank ca. 3 Wochen.

Variante Wenn es schneller gehen soll, dann könnt ihr auch einfach Gemüse-Brühpulver herstellen. Hierfür gefriergetrocknetes Suppengrün in den Mixer geben und klein mixen, bis ein feines Pulver entstanden ist. Wenn ihr die Brühe nicht selber kochen wollt, empfehle ich die Gemüsebrühe von »Veggiepur«.

Schneller Möhrenreis

>> Der schnelle Möhrenreis schmeckt kleinen Kindern richtig gut. Er kommt bei uns während einer Magen-Darm-Erkrankung oder Erkältung oft auf den Tisch.

Für 1 Kind und 1 Erwachsenen • gelingt leicht
⊘ 10 Min. +10 Min. Kochzeit

3 Möhren (ca. 200 g) • 90 g 10-Minuten-Reis • 400 ml Gemüsebrühe • 1 EL gehackte Petersilie, TK

● Die Möhren schälen, längst halbieren und in Scheiben schneiden.

● Möhren, Reis, Gemüsebrühe und Petersilie in einen kleinen Topf geben und aufkochen. Bei mittlerer Hitze ohne Deckel 10 Min. köcheln lassen, dabei gelegentlich umrühren.

Gemüsereis

>> Der klassische Gemüsereis wird bei uns zu Hause immer gerne gegessen. Das Gemüse kann natürlich nach Belieben abgewandelt werden.

Für 1 Kind und 1 Erwachsenen • gelingt leicht
⊘ 10 Min. + 10 Min. Kochzeit

- 1 Schalotte
- 4 Champignons
- ½ rote Paprika
- 1 EL Rapsöl

- 90 g 10-Minuten-Reis, z. B. Parboiled Reis oder Naturreis
- 300 ml Gemüsebrühe
- 1 EL gemischte Kräuter, TK

- 100 g Erbsen-Möhren-Mischung, TK
- 4 EL Mais (Glas oder Dose)

● Die Schalotte schälen und klein würfeln. Die Champignons achteln und die Paprika in kleine Stücke schneiden.

● Rapsöl in einem kleinen Topf erhitzen und die Schalotten- und Paprikawürfel sowie die Champignons darin andünsten. Den Reis dazugeben und kurz unter Rühren mit anbraten.

● Gemüsebrühe, Kräuter und Erbsen-Möhren-Mischung zugeben und aufkochen lassen. 10 Min. bei mittlerer Hitze ohne Deckel köcheln lassen, dabei gelegentlich umrühren.

● Kurz vor Ende der Garzeit den Mais unterheben.

Djuvec-Reis

»Risi-Bisi«-Reis

>> Mildes Ajvar schmeckt auch kleinen Kindern richtig gut.

>> Schnelles Gericht mit leichter Parmesan-Soße.

Für 1 Kind und 1 Erwachsenen •
exotische Zutaten
⊘ 10 Min. + 10 Min. Kochzeit

Für 1 Kind und 1 Erwachsenen •
gelingt leicht
⊘ 10 Min. + 10 Min. Kochzeit

1 Schalotte • 1 Tomate • 1 Paprikaschote •
1 Frühlingszwiebel • 1 EL Olivenöl • 90 g
10-Minuten-Reis • 300 ml Gemüsebrühe •
1 EL gehackte Petersilie, TK • 50 g Erbsen,
TK • 50 g Ajvar, mild

2 Scheiben Kochschinken • 1 Schalotte •
50 g Kohlrabi • 1 EL Rapsöl • 90 g 10-Minuten-Reis, z. B. Risotto-Reis • 200 ml Gemüsebrühe • 100 ml Milch • 1 EL Petersilie, TK • 150 g Erbsen, TK • 2 EL geriebener
Parmesan

● Schalotte schälen und mit Tomate und
Paprikaschote klein würfeln. Die Frühlingszwiebel in Ringe schneiden.

● Schinken klein schneiden. Schalotte
und Kohlrabi schälen und würfeln.

● Olivenöl in einem Topf erhitzen und
Schalotten- und Paprikawürfel andünsten. Reis dazugeben und unter Rühren
mit anbraten. Gemüsebrühe, Petersilie
und Erbsen zugeben und aufkochen. Bei
mittlerer Hitze ohne Deckel 10 Min. köcheln lassen, gelegentlich umrühren. Bei
Bedarf etwas Wasser zugeben.

● Öl erhitzen und die Schalotten- und
Kohlrabiwürfel andünsten. Reis und
Schinken dazugeben und kurz anbraten.

● Gemüsebrühe, Milch, Petersilie und
Erbsen zugeben, aufkochen und ohne
Deckel 10 Min. köcheln lassen, gelegentlich umrühren. Parmesan unterheben.

● Nach 5 Min. Ajvar, Frühlingszwiebel
und Tomaten unterheben.

◆》 »Risi-Bisi«-Reis

Tomatenrisotto

>> Risotto mal anders!

Für 1 Kind und 1 Erwachsenen •
gelingt leicht
🕐 5 Min. + 15 Min. Kochzeit

1 Schalotte • 1 TL Olivenöl • 1 EL Tomatenmark • 350 ml Gemüsebrühe • 150 g gehackte Tomaten • 90 g Risottoreis • 1 EL gehackter Basilikum, TK • Salz • Pfeffer •
1 Tomate • 2 EL geriebener Parmesan

● Die Schalotte schälen und fein hacken.

● Olivenöl in einem kleinen Topf erhitzen und die Schalotten kurz andünsten.
Tomatenmark unterheben.

● Gemüsebrühe, Tomaten, Reis und Basilikum zugeben und aufkochen. Bei mittlerer Hitze ohne Deckel 15 Min. köcheln
lassen, dabei gelegentlich umrühren. Bei
Bedarf noch etwas Wasser nachgießen.
Mit Salz und Pfeffer abschmecken.

● Tomate klein würfeln und mit Parmesan zum Risotto servieren.

Risotto mit Spinat und Champignons

>> Mein absoluter Liebling! Das cremige
Risotto mit Spinat und Champignons ist
ruckzuck zubereitet und schmeckt auch
kleinen Kindern richtig gut.

Für 1 Kind und 1 Erwachsenen •
gelingt leicht
🕐 5 Min. + 15 Min. Kochzeit

4 Champignons • 90 g Risottoreis • 150 ml
Milch • 250 ml Gemüsebrühe • 150 g ge-
hackter Blattspinat, TK • 50 g Frischkäse •
Salz • Pfeffer

● Die Champignons in dünne Scheiben
schneiden.

● Reis, Milch, Gemüsebrühe, Spinat und
Champignons in einen kleinen Topf geben und aufkochen. Bei mittlerer Hitze
ohne Deckel 15 Min. köcheln lassen, dabei gelegentlich umrühren.

● Frischkäse unterheben und das Risotto
mit Salz und Pfeffer abschmecken.

❯ Risotto mit Spinat und Tomatenrisotto

Bananen-Curry mit Blumenkohl

>> Leckeres Gemüse kombiniert mit Obst, in einem wunderbar cremigen Curry.

Für 1 Kind und 1 Erwachsenen •
exotische Zutaten
⊘ 10 Min. + 10 Min. Kochzeit

½ kleiner Blumenkohl (ca. 150 g) • 1 Frühlingszwiebel • 100 g Zuckerschoten • 1 Banane • 90 g 10-Minuten-Reis, z. B. Basmatireis • 400 ml Kokosmilch • 2 EL Currypulver

● Den Blumenkohl in kleine Röschen schneiden. Die Frühlingszwiebel in Ringe schneiden. Die Zuckerschoten halbieren. Die Banane schälen und in Scheiben schneiden.

● Blumenkohlröschen, Frühlingszwiebeln, Reis, Kokosmilch, Zuckerschoten und Currypulver in einen kleinen Topf geben und aufkochen. Bei mittlerer Hitze ohne Deckel 10 Min. köcheln lassen, dabei gelegentlich umrühren.

● Bananenscheiben unterheben und 1 Min. köcheln lassen.

Hähnchen-Curry mit Reis

>> Das milde Curry essen wir am liebsten mit Brokkoli und Möhren.

Für 1 Kind und 1 Erwachsenen •
gelingt leicht
⊘ 10 Min. + 10 Min. Kochzeit

1 Hähnchenbrustfilet • 2 Möhren • ½ kleiner Brokkoli (ca. 150 g) • 1 Frühlingszwiebel • 90 g 10-Minuten-Reis, z. B. Basmatireis • 400 ml Kokosmilch • 2 EL Currypulver • Paprikapulver, mild

● Das Hähnchenbrustfilet in kleine Würfel schneiden. Die Möhren schälen und in Scheiben schneiden. Den Brokkoli in kleine Röschen schneiden. Die Frühlingszwiebel in Ringe schneiden.

● Möhren, Brokkoli, Frühlingszwiebel, Reis, Kokosmilch und Currypulver in einen kleinen Topf geben und aufkochen.

● Hähnchenwürfel zufügen und bei mittlerer Hitze ohne Deckel 10 Min. köcheln lassen, gelegentlich umrühren. Mit Paprikapulver abschmecken.

Hirse mit Hackfleisch und Brokkoli

>> Ein schnelles und unkompliziertes Hirsegericht, das Groß und
Klein schmeckt und im Winter angenehm wärmt.

Für 1 Kind und 1 Erwachsenen • braucht etwas mehr Zeit
⊘ 10 Min. + 20 Min. Kochzeit

- 1 kleiner Brokkoli
  (ca. 150 g)
- 1 Schalotte
- 1 Tomate
- 80 g Hirse
- 2 EL Rapsöl
- 100 g Hackfleisch
- Salz
- Pfeffer
- 300 ml Gemüsebrühe
- 2 EL Parmesan

● Den Brokkoli in kleine Röschen schneiden, die Schalotte schälen und klein hacken. Die Tomate in kleine Würfel schneiden.

● Die Hirse in ein Sieb geben und unter fließendem Wasser heiß abspülen, damit die Bitterstoffe ausgewaschen werden.

● Das Öl in einem großen Topf erhitzen und das Hackfleisch kräftig anbraten. Dabei sparsam mit Salz und Pfeffer würzen. Den Brokkoli und die Schalottenwürfel zufügen und 2 Min. mitbraten.

● Nun Hirse, Tomaten und Gemüsebrühe zufügen und aufkochen. Zugedeckt bei geringer Hitze 10 Min. köcheln lassen. Dann den Parmesan unterheben.

● Den Herd ausschalten und die Hirse 5 Min. quellen lassen.

Bulgursalat

Reissuppe mit Hackbällchen

>> Den schnellen Bulgursalat gibt es bei uns oft als Beilage zu Hackbällchen (Seite 66) oder Hähnchen-Nuggets (Seite 92).

>> Für kleine Suppen-Liebhaber ist diese leckere Reissuppe mit Hackbällchen ein ganz besonders leckeres Rezept.

Für 1 Kind und 1 Erwachsenen •
gelingt leicht
⊙ 10 Min. + 10 Min. Kochzeit

200 ml Gemüsebrühe • 80 g Bulgur •
½ Salatgurke • 3 Tomaten • 100 g Kichererbsen (Glas) • 2 Stiele Minze • 1 EL Olivenöl • 1 EL Zitronensaft • Salz • Pfeffer

● Gemüsebrühe in einen kleinen Topf geben und aufkochen. Bulgur zugeben und 10 Min. bei kleiner Hitze köcheln lassen. Dabei gelegentlich umrühren.

● Währenddessen die Salatgurke schälen und klein schneiden. Dann die Tomaten klein würfeln. Die Kichererbsen abspülen. Die Minzblätter klein schneiden.

● Das Gemüse und die Minze zum Bulgur geben und Olivenöl sowie Zitronensaft unterheben. Sparsam mit Salz und Pfeffer abschmecken.

Für 1 Kind und 1 Erwachsenen •
gelingt leicht
⊙ 10 Min. + 10 Min. Kochzeit

100 g Hackfleisch • Salz • Pfeffer • 600 ml Gemüsebrühe • 50 g 10-Minuten-Reis, z. B. Parboiled Reis • 200 g Gemüsemischung, TK (z. B. Möhren, Blumenkohl, Erbsen, Mais) • 50 ml Milch • 1 TL Soßenbinder • 1 TL gehackte Petersilie, TK

● Das Hackfleisch mit Salz und Pfeffer würzen und kleine Bällchen formen.

● Die Gemüsebrühe zusammen mit dem Reis, den Hackbällchen und dem Gemüse aufkochen. 10 Min. köcheln lassen.

● In der Zwischenzeit die Milch mit dem Soßenbinder und der Petersilie andicken und kurz vor Ende der Kochzeit unter die Suppe heben.

>> Bulgursalat

Quinoa mit Süßkartoffeln

>> Eins meiner absoluten Lieblingsgerichte, das auch Tom sehr gerne isst.

Für 1 Kind und 1 Erwachsenen • exotische Zutaten
🕐 15 Min. + 15 Min. Kochzeit

- 80 g Quinoa
- 1 Zwiebel
- 150 g Süßkartoffel
- 50 g Babyspinat
- ½ Avocado
- 1 EL Olivenöl
- 200 ml Gemüsebrühe
- Salz
- Pfeffer
- Muskat

● Quinoa in ein Sieb geben und unter fließendem Wasser heiß abspülen, damit die Bitterstoffe ausgewaschen werden.

● Zwiebel und Süßkartoffel schälen und fein würfeln. Spinat in Streifen schneiden. Avocado aus der Schale lösen und in kleine Stücke schneiden.

● Olivenöl in einem Topf erhitzen und die Zwiebelwürfel anschwitzen.

● Quinoa, Süßkartoffeln und Gemüsebrühe zugeben. Aufkochen und bei mittlerer Hitze zugedeckt 10 Min. köcheln lassen.

● Spinat und Avocadowürfel unterheben und mit Salz, Pfeffer und Muskat abschmecken. Dann den Topf von der Herdplatte nehmen und ohne Deckel weitere 5 Min. quellen lassen.

Tipp Wer möchte, kann das Quina noch zusätzlich mit etwas Mozzarella verfeinern.

Couscous mit Lachs und Zucchini

>> Schnell gemacht und richtig lecker! Couscous mit Lachs und Zucchini ist ein tolles Gericht für das gesunde Familienessen.

Für 1 Kind und 1 Erwachsenen • gelingt leicht
⊘ 10 Min. + 15 Min. Kochzeit

- 100 g frischer Lachs, ohne Haut
- 1 Zucchini

- 300 ml Gemüsebrühe
- 1 EL gehackte Kräuter, TK (z. B. Dill oder Petersilie)

- 80 g Couscous
- 100 ml Milch
- 1 TL Zitronensaft

● Den Lachs in kleine Würfel schneiden. Die Zucchini längst halbieren und in Scheiben schneiden.

● Gemüsebrühe und Zucchini in einen kleinen Topf geben und aufkochen. Bei mittlerer Hitze ohne Deckel 5 Min. köcheln lassen.

● In der Zwischenzeit die Milch mit dem Zitronensaft verrühren.

● Die Lachswürfel, den Dill, den Couscous und die Milch zugeben und zugedeckt bei kleiner Hitze 10 Min. quellen lassen.

Tipp Toll zum schnellen Couscous-Gericht passen auch Kirschtomaten.

KARTOFFELN

Süßkartoffel-Curry mit Pute

>> Perfekt für kalte Tage.

Für 1 Kind und 1 Erwachsenen • exotische Zutaten
⊘ 15 Min. + 10 Min. Kochzeit

1 Süßkartoffel (ca. 250 g) • 1 Schalotte • 1 Putenbrustfilet (ca. 200 g) • 1 kleiner Brokkoli • 1 EL Kokosöl • 400 ml Kokosmilch • 1 TL Currypulver • Kreuzkümmel • etwas Salz • etwas Pfeffer

● Die Süßkartoffel und die Schalotte schälen und in kleine Würfel schneiden. Das Putenbrustfilet klein schneiden. Den Brokkoli in kleine Röschen schneiden.

● Kokosöl in einem kleinen Topf erhitzen und die Schalottenwürfel anbraten. Kokosmilch zugeben und aufkochen.

● Nun die Putenwürfel zugeben und bei mittlerer Hitze 5 Min. köcheln lassen. Die Süßkartoffelwürfel und den Brokkoli zugeben und weitere 5 Min. köcheln.

● Mit Curry, Kreuzkümmel, Pfeffer und Salz abschmecken.

Würstchen-Kartoffel-Topf

>> Ein schneller und sättigender Eintopf für die ganze Familie. Tom liebt es, die Wurststückchen aus dem Eintopf zu fischen.

Für 1 Kind und 1 Erwachsenen •
gelingt leicht
⊘ 15 Min. + 15 Min. Kochzeit

200 g Kartoffeln • 2 Möhren • ½ Stange Lauch • 500 ml Gemüsebrühe • 1 EL gehackte Petersilie, TK • 1 Wiener Würstchen • Salz • Pfeffer • ½ TL Senf • Majoran

● Die Kartoffeln und die Möhren schälen und klein würfeln. Den Lauch in Scheiben schneiden.

● Gemüsebrühe in einem großen Topf aufkochen. Kartoffeln, Möhren, Lauch und Petersilie zugeben und 10 Min. köcheln lassen.

● Die Würstchen in Scheiben schneiden und in den Kartoffel-Eintopf geben. 5 Min. bei geringer Hitze köcheln lassen.

● Den Kartoffeltopf mit Salz, Pfeffer, Senf und Majoran abschmecken.

Kartoffelgemüse mit Hähnchen

>> Wunderbar cremig! Das Kartoffelgemüse mit Hähnchen ist ein schnell gemachtes Mittagessen für die ganze Familie

Für 1 Kind und 1 Erwachsenen •
gelingt leicht
⊘ 15 Min. + 10 Min. Kochzeit

200 g Kartoffeln • 150 g Blumenkohl • 1 Hähnchenbrustfilet • 150 ml Milch • 200 ml Gemüsebrühe • 150 g Erbsen-Möhren-Mischung, TK • 2 EL geriebener Parmesan • 50 g Feta

● Die Kartoffeln schälen und klein würfeln. Das Hähnchenbrustfilet waschen und in kleine Stücke schneiden. Den Blumenkohl in kleine Röschen schneiden.

● Milch und Gemüsebrühe in einem großen Topf aufkochen. Kartoffeln, Hähnchenwürfel, Erbsen, Möhren, Blumenkohl und Parmesan hinzufügen und 10 Min. kochen lassen.

● Mit Feta servieren.

>> Würstchen-Kartoffel-Topf

Kartoffel-Gemüse-Topf

>> Das Kartoffelgemüse ist schnell gemacht und steckt voller gesunder Zutaten, die Kinder gern essen.

Für 1 Kind und 1 Erwachsenen • gelingt leicht
⊘ 15 Min. + 10 Min. Kochzeit

200 g Kartoffeln • 1 Zwiebel • 150 g Brokkoli • ½ rote Paprikaschote • 200 ml Gemüsebrühe • 100 ml Milch • 1 EL gehackte Gartenkräuter, TK • 1 TL Ajvar, mild

● Die Kartoffeln und die Zwiebel schälen und klein würfeln. Den Brokkoli in kleine Röschen schneiden. Die Paprikaschote klein würfeln.

● Rapsöl in einem kleinen Topf erhitzen und die Zwiebelwürfel anbraten. Kartoffel- und Paprikawürfel hinzugeben und kurz mitbraten.

● Gemüsebrühe, Milch, Kräuter und Brokkoli zugeben und aufkochen. 10 Min. kochen lassen. Kurz vor Ende der Kochzeit den Ajvar unterheben.

Kartoffel-Kürbis-Curry

>> Zur Kürbiszeit darf dieser wärmende Eintopf mit cremiger Kokosmilch nicht fehlen.

Für 1 Kind und 1 Erwachsenen • gelingt leicht
⊘ 15 Min. + 15 Min. Kochzeit

200 g Kartoffeln • 1 Schalotte • 200 g Hokkaidokürbis • 1 EL Olivenöl • 1 TL Currypulver • 200 ml Kokosmilch • 100 ml Gemüsebrühe • Salz • Pfeffer • Kreuzkümmel

● Die Kartoffeln und die Schalotte schälen und klein würfeln. Den Kürbis mit Schale ebenfalls klein würfeln.

● Olivenöl in einem großen Topf erhitzen. Kartoffel- Schalotten- und Kürbiswürfel zusammen mit dem Currypulver 3 Min. anschwitzen. Kokosmilch und Gemüsebrühe zugeben und 15 Min. kochen lassen. Dabei gelegentlich umrühren.

● Das Kartoffel-Kürbis-Curry mit Salz, Pfeffer, Currypulver und Kreuzkümmel abschmecken.

◆> Kartoffel-Gemüse-Topf

Kartoffeln mit Kohlrabi, Erbsen und Möhren

>> Frisch, lecker und schnell gemacht – Tom liebt sein Kartoffel-
gemüse mit cremigem Frischkäse.

Für 1 Kind und 1 Erwachsenen • gelingt leicht
⊘ 10 Min. + 15 Min. Kochzeit

- 200 g Kartoffeln
- 1 kleiner Kohlrabi
- 1 EL Butter
- 350 ml Gemüsebrühe

- 100 g Erbsen-Möhren-
  Mischung, TK
- 2 EL gehackter Schnitt-
  lauch, TK

- 4 EL Frischkäse
- Muskat
- Salz
- Pfeffer

● Die Kartoffeln und den Kohlrabi schälen und in kleine Würfel schneiden.

● Butter in einem großen Topf erhitzen und die Kohlrabiwürfel unter Rühren
3 Min. anbraten.

● Nun die Gemüsebrühe zugeben und
aufkochen. 5 Min. kochen lassen. Dann
Erbsen-Möhren und die Kartoffeln zugeben. 10 Min. kochen lassen, dabei gelegentlich umrühren. Bei Bedarf noch etwas Wasser zufügen.

● Kurz vor Ende der Kochzeit noch den
Schnittlauch und den Frischkäse unterheben.

● Mit Muskat, Salz und Pfeffer abschmecken.

Tipp Die Kartoffeln könnt ihr auch mit
der doppelten Menge Kohlrabi ohne Erbsen und Möhren zubereiten.

Kartoffel-Möhren-Püree

>> Kartoffelpüree schmeckt wunderbar mit Möhren – egal ob als Hauptmahlzeit oder Beilage.

Für 1 Kind und 1 Erwachsenen •
gelingt leicht
⊘ 15 Min. + 20 Min. Kochzeit

200 g Kartoffeln • 200 g Möhren • 2 EL Olivenöl • 300 ml Gemüsebrühe • 1 TL gehackte Petersilie, TK • 1 EL Milch • 1 EL Butter • Muskat

● Die Kartoffeln schälen und in Würfel schneiden. Die Möhren schälen und in Scheiben schneiden. Öl in einem großen Topf erhitzen und die Möhren und Kartoffeln unter Rühren 5 Min. anbraten.

● Gemüsebrühe zugeben und aufkochen. Bei mittlerer Hitze in 20 Min. gar kochen. Petersilie unterheben.

● Milch zugeben und das Ganze pürieren, anschließend die Butter unterheben und schmelzen lassen.

● Mit Muskat abschmecken.

Gnocchi in Tomatensoße

>> Die weichen Gnocchi schmecken toll mit kleinen Paprikawürfeln.

Für 1 Kind und 1 Erwachsenen •
geht schnell
⊘ 10 Min. + 10 Min. Kochzeit

1 Paprika • 1 Schalotte • 1 EL Butter • 200 g Gnocchi, Kühlregal • 200 g gehackte Tomaten • 1 TL Tomatenmark • 100 ml Milch • 1 EL gehacktes Basilikum, TK • etwas Salz • etwas Pfeffer

● Die Paprika klein würfeln. Die Schalotte schälen und in kleine Stücke schneiden.

● Butter in einem großen Topf erhitzen, dann die Paprika-und Schalottenwürfel ca. 2 Min. anbraten.

● Gnocchi zugeben und 2 Min. anbraten.

● Die gehackten Tomaten, Tomatenmark, Milch und Basilikum hinzufügen und aufkochen. Bei mittlerer Hitze 5 Min. köcheln lassen, dabei sparsam mit Salz und Pfeffer abschmecken.

ONE PAN –
ALLES IN
EINER PFANNE

Gebackene Süßkartof-feln mit Spinat und Ei

>> Ein wunderbares Spätaufsteher-Gericht, das Frühstück und Mittagessen miteinander verbindet.

Für 1 Kind und 1 Erwachsenen • gelingt leicht
⊘ 10 Min. + 20 Min. Kochzeit

1 mittelgroße Süßkartoffel (ca. 250 g) • 50 g Babyspinat • 1 EL Kokosöl (alternativ Butter) • etwas Salz • etwas Pfeffer • Oregano • 2 Eier

● Die Süßkartoffel schälen und in kleine Würfel schneiden. Den Spinat in dünne Streifen schneiden.

● Kokosöl in einer großen Pfanne erhitzen und die Süßkartoffelwürfel ca. 10 Min. unter Rühren anbraten. Spinat hinzugeben und 3 Min. mitbraten.

● Sparsam mit Salz, Pfeffer und Oregano würzen.

● Nun die Eier in der Pfanne aufschlagen und bei kleiner Hitze und geschlossenem Deckel stocken lassen.

Pfannentoast mit Spiegelei

Schnelle Nudelpfanne

≫ Der leckere Pfannentoast wird bei uns von allen gerne gegessen.

Für 1 Kind und 1 Erwachsenen •
geht schnell
🕐 10 Min. + 5 Min. Kochzeit

3 kleine Scheiben Vollkorntost • 1 EL Butter • 3 Eier • 2 EL geriebener Gouda • 1 TL gemischte Kräuter, TK • Salz • Pfeffer

● Die Toastscheiben von beiden Seiten mit Butter bestreichen. Mit einem Ausstecher oder Glas eine Form ausstechen.

● Eine große Pfanne erhitzen und die Toasts hineingeben. 1 Min. bei mittlerer Hitze braten, dann wenden.

● Nun den Toast mit Käse bestreuen. Das Ei in eine Schüssel geben und in die ausgestochen Formen gleiten lassen, bis die Form ausgefüllt ist. Mit Kräutern bestreuen und ca. 5 Min. mit geschlossenem Deckel braten, bis das Ei gar ist.

● Sparsam mit Salz und Pfeffer würzen.

≫ Mit Käse überbacken schmeckt die schnelle Nudelpfanne wunderbar cremig. Ein schnelles Mittagessen.

Für 1 Kind und 1 Erwachsenen •
geht schnell
🕐 5 Min. + 15 Min. Kochzeit

120 g Nudeln • 200 g gemischtes Gemüse, TK • 400 ml Gemüsebrühe • 200 ml gehackte Tomaten • 2 EL gehackte Kräuter, TK • Salz • Pfeffer • 50 g geriebener Käse

● Nudeln, Gemüse, Gemüsebrühe, gehackte Tomaten und Kräuter in eine große Pfanne geben und bei geschlossenem Deckel aufkochen.

● Bei mittlerer Hitze ohne Deckel 8 Min. köcheln lassen.

● Die Nudelpfanne sparsam mit Salz und Pfeffer abschmecken. Mit geriebenem Käse bestreuen und bei kleiner Hitze und geschlossenem Deckel weitere 5 Min. garen, bis der Käse geschmolzen ist.

❯❯ Schnelle Nudelpfanne

Kartoffel-Mais-Tortilla

>> Die leckere Kartoffel-Tortilla könnt ihr ganz nach Belieben auch mit anderem Gemüse kombinieren. Mais schmeckt uns zum Ei besonders gut.

Für 1 Kind und 1 Erwachsenen • geht schnell
⊘ 15 Min. + 10 Min. Kochzeit

- 150 g Kartoffeln
- 1 Schalotte
- 2 EL Olivenöl
- 3 Eier
- 50 ml Milch
- 30 g geriebener Käse (z. B. Mozzarella)
- 1 EL gehackte Petersilie, TK
- Salz
- Pfeffer
- Paprikapulver, edelsüß
- 4 EL Mais

● Die Kartoffeln schälen und in dünne Scheiben hobeln. Die Schalotte schälen und in Würfel schneiden.

● Olivenöl in einer Pfanne erhitzen und die Kartoffelscheiben bei mittlerer Hitze 5 Min. anbraten, dabei regelmäßig wenden.

● In der Zwischenzeit die Eier in einer Schüssel mit Milch, Käse, Kräutern, Salz, Pfeffer und Paprikapulver verquirlen.

● Die Zwiebeln und den Mais zu den Kartoffeln geben und weitere 2 Min. braten.

● Nun die Eiermasse über die Kartoffeln gießen und bei geschlossenem Deckel 5 Min. stocken lassen. Die Tortilla vorsichtig wenden und ohne Deckel nochmals 5 Min. braten.

Tipp Das Wenden gelingt am besten, indem man die Tortilla auf einen Teller gleiten lässt.

Schupfnudel-Gemüse-Pfanne

>> »Schlumpfnudeln« nennt Tom seine Schupfnudeln und freut sich immer, wenn es dazu eine leckere cremige Soße gibt.

Für 1 Kind und 1 Erwachsenen • geht schnell
⊘ 10 Min. + 10 Min. Kochzeit

- 1 Paprika
- 2 Frühlingszwiebeln
- 100 g Cocktailtomaten
- 1 EL Rapsöl

- 200 g Schupfnudeln, Kühlregal
- 3 EL Frischkäse
- 50 ml Milch

- 1 TL gehackte Petersilie, TK
- Salz
- Pfeffer
- Paprikapulver

● Die Paprika in kleine Würfel schneiden. Die Frühlingszwiebeln in Scheiben schneiden. Die Tomaten vierteln.

● Rapsöl in einer Pfanne erhitzen und die Schupfnudeln 2 Min. anbraten. Nun die Paprikawürfel und die Frühlingszwiebeln zugeben und alles zusammen 5 Min. anbraten. Gelegentlich umrühren.

● Frischkäse, Milch, Petersilie und Tomaten unterheben und mit Salz, Pfeffer und Paprikapulver abschmecken. Die Schupfnudel-Pfanne bei mittlerer Hitze 5 Min. köcheln lassen. Gelegentlich umrühren.

Tipp Für das Schupfnudel-Gericht könnt ihr auch die doppelte Menge Tomaten statt der Paprika und der Frühlingszwiebeln verwenden.

Zucchini-Omelett

Apfel-Omelett

>> Eier sind bei uns sehr beliebt. Die kleinen Zucchinistifte im Omelett werden dabei gerne mitgegessen.

Für 1 Kind und 1 Erwachsenen •
geht schnell
⊘ 10 Min. + 10 Min. Kochzeit

½ Zucchini (ca. 150 g) • 2 Scheiben Koch-schinken • 2 Eier • 50 ml Milch • 30 g gerie-bener Mozzarella • 1 TL Petersilie, TK • et-was Salz • etwas Pfeffer • 1 EL Rapsöl

● Die Zucchini in dünne Stifte schnei-den. Den Schinken klein würfeln.

● Die Eier in einer Schüssel mit der Milch, dem Käse und der Petersilie ver-quirlen. Sparsam mit Salz und Pfeffer würzen.

● Das Öl in einer Pfanne erhitzen. Die Zucchini und die Schinkenwürfel ca. 5 Min. anbraten.

● Nun die Eier-Masse über das Gemüse gießen. Bei mittlerer Hitze und geschlos-senem Deckel ca. 5 Min. stocken lassen.

>> Das leckere Omelett ist ein tolles Früh-stück für ein gemütliches Wochenende.

Für 1 Kind und 1 Erwachsenen •
geht schnell
⊘ 10 Min. + 10 Min. Kochzeit

2 kleine Äpfel • 3 Eier • 100 ml Milch • 50 g Mehl • 1 TL Butter • 1 TL Zimt • 2 EL Ahorn-sirup oder Honig

● Äpfel in dünne Scheiben schneiden.

● Die Eier in einer Schüssel mit der Milch und dem Mehl verquirlen.

● Butter in einer großen Pfanne erhit-zen. Die Apfelscheiben mit Zimt be-streuen und goldbraun anbraten.

● Eier-Masse über die Äpfel gießen. Bei mittlerer Hitze und geschlossenem De-ckel 5 Min. stocken lassen. Wenden und nochmals 3 Min. braten.

● Mit Ahornsirup servieren.

>> Zucchini-Omelett

Kartoffel-Hackfleisch-Pfanne

>> Eine ganz beliebte, schnelle Mahlzeit die immer restlos aufgegessen wird.

Für 1 Kind und 1 Erwachsenen •
gelingt leicht
⊘ 15 Min. + 15 Min. Kochzeit

200 g Kartoffeln • 1 Schalotte • 2 Tomaten •
100 g Zuckererbsen (oder grüne Bohnen) •
2 EL Olivenöl • 200 g Hackfleisch, Rind •
etwas Salz • etwas Pfeffer • 200 ml Rinder-
brühe • 1 EL Frischkäse • 1 TL Currypulver

● Die Kartoffeln und die Schalotte schä-
len und in kleine Würfel schneiden. Die
Tomaten ebenfalls klein würfeln. Die
Zuckererbsen halbieren.

● Olivenöl in einer Pfanne erhitzen und
das Hackfleisch kräftig anbraten. Dabei
sparsam mit Salz und Pfeffer würzen.

● Kartoffeln, Zuckererbsen, Schalottenwürfel und die Brühe zugeben und aufkochen. Bei mittlerer Hitze zugedeckt
10 Min. köcheln lassen. Tomaten, Frischkäse und Currypulver zugeben und ohne
Deckel weitere 5 Min. köcheln lassen.

Kartoffel-Möhren-Röstis

>> Die Röstis sind eine tolle Snackidee für ein Picknick, schmecken aber auch als Hauptspeise richtig gut.

Für 10 Röstis • braucht etwas mehr Zeit
⊘ 20 Min. + 20 Min. Kochzeit

150 g Kartoffeln • 100 g Möhren • 1 Eigelb •
3 EL Mehl • 1 EL gehackte Kräuter, TK •
Salz • Pfeffer • Muskat • 2 EL Rapsöl

● Die Kartoffeln und die Möhren schälen
und mit einer Reibe raspeln. Die über-
schüssige Flüssigkeit mit einem Küchentuch ausdrücken.

● Kartoffel- und Möhrenraspel, Ei, Mehl,
Salz, Pfeffer und Muskat in einer Schüs-
sel vermengen. Aus der Masse 10 kleine
Kugeln formen und plattdrücken.

● 1 EL Rapsöl in einer Pfanne erhitzen
und 5 Kartoffel-Möhren-Röstis bei mittlerer Hitze ca. 10 Min. anbraten. Einmal
wenden. Die restlichen Röstis gleicher-
maßen braten.

❯ Kartoffel-Hackfleisch-Pfanne

Schnelle Asiapfanne

>> Geht schnell, macht satt und glücklich.

**Für 1 Kind und 1 Erwachsenen •
exotische Zutaten**
⏱ 10 Min. + 10 Min. Kochzeit

150 g Brokkoli • 100 g Zuckererbsen •
½ rote Paprikaschote • 1 EL Sesamöl •
400 ml Wasser • 100 g Mie-Nudeln • 2 EL
helle Sojasoße • optional ½ TL Sambal
Oelek • Salz • Pfeffer

● Den Brokkoli in kleine Röschen schneiden. Die Zuckererbsen halbieren. Die Paprikaschote in kleine Stücke schneiden.

● Das Sesamöl in einer Pfanne erhitzen und das Gemüse 3 Min. unter Rühren anbraten. Wasser zugeben und 5 Min. köcheln lassen.

● Nun die Mie-Nudeln und die Sojasoße hinzufügen und unter gelegentlichem Rühren weitere 4 Min. köcheln lassen.

● Die Asiapfanne mit Salz, Pfeffer und optional mit Sambal Oelek abschmecken.

Gnocchi-Zucchini-Pfanne

>> Cremige Soße und Zucchini-Gemüse zu leckeren Gnocchi – schnell gemacht und genauso schnell aufgegessen.

**Für 1 Kind und 1 Erwachsenen •
geht schnell**
⏱ 10 Min. + 10 Min. Kochzeit

1 kleine Zucchini • 1 Zwiebel • 1 EL Butter •
200 g Gnocchi, Kühlregal • 100 ml Milch •
2 EL geriebener Parmesan • 1 EL gehackte
Kräuter, TK (z. B. Kräuter der Provence)

● Die Zucchini längst halbieren und in Scheiben schneiden. Die Zwiebel schälen und klein würfeln.

● Butter in einer Pfanne erhitzen und die Gnocchi 3 Min. anbraten. Die Zucchinischeiben und Zwiebelwürfel zufügen und weitere 5 Min. braten.

● Nun Milch, Parmesan und Kräuter in die Pfanne geben und 5 Min. bei schwacher Hitze garen. Dabei mit Salz und Pfeffer abschmecken.

⊘ Schnelle Asiapfanne

ONE SHEET –
EIN BLECH
REICHT

Gefüllte Laugen-stangen

>> Im Handumdrehen wird aus einem Lau-genstange eine leckere Mahlzeit mit Obst, Gemüse und Käse.

Für 1 Kind und 1 Erwachsenen • geht schnell
⊘ 10 Min. + 10 Min. Kochzeit

3 Lauchzwiebeln • 1 kleiner Apfel • 2 Lau-genstangen • 2 EL Frischkäse • 40 g gerie-bener Käse (z. B. Gouda) • Currypulver • Salz • Pfeffer

● Den Backofen auf 180°C Ober- und Unterhitze vorheizen.

● Die Lauchzwiebeln in Ringe schneiden. Den Apfel schälen und in kleine Würfel schneiden. Mit dem Frischkäse und dem Käse mischen. Anschließend mit Curry, Salz und Pfeffer würzen.

● Die Laugenstangen längst tief ein-schneiden, leicht auseinanderdrücken und mit der Frischkäse-Mischung fül-len. Auf ein mit Backpapier belegtes Blech setzen und im vorgeheizten Ofen ca. 10 Min. backen.

Hähnchen-Nuggets

Fischstäbchen

» Ein Klassiker in unserer Küche.

» Schmecken besser als die gekauften.

Für 15 Nuggets • gelingt leicht
⊘ 20 Min. + 20 Min. Backzeit

Für 15 Fischstäbchen • gelingt leicht
⊘ 20 Min. + 20 Min. Backzeit

2 Hähnchenbrustfilets (ca. 350 g) • 80 g Naturjoghurt • ½ TL Paprikapulver, mild • etwas Currypulver • etwas Salz • 1 TL Ahornsirup • 70 g Cornflakes, ungesüßt

200 g Lachsfilet • 50 g Mehl (z. B. Dinkelmehl Type, 1050) • 1 Ei • 90 g Cornflakes, ungesüßt • 1 EL Sesam

● Den Backofen auf 200 °C Umluft vorheizen.

● Den Backofen auf 200 °C Umluft vorheizen.

● Die Hähnchenbrustfilets waschen und in mundgerechte Stücke schneiden.

● Lachsfilet waschen und in mundgerechte Stücke schneiden.

● Naturjoghurt mit Paprikapulver, Curry, Salz und Ahornsirup mischen.

● Mehl in eine Schüssel füllen. Ei mit 1 EL Wasser verquirlen und in eine weitere Schüssel füllen.

● Die Cornflakes in einen Gefrierbeutel füllen, mit den Händen zerbröseln und in eine Schüssel füllen.

● Die Cornflakes in einen Gefrierbeutel füllen, mit den Händen zerbröseln und mit Sesam in eine dritte Schüssel füllen.

● Hähnchenstücke erst in Joghurt, dann in Cornflakes wälzen. Auf ein mit Backpapier belegtes Blech setzen und im Ofen 20 Min. backen.

● Lachsstücke erst in Mehl, dann in der Ei-Masse, dann in den Cornflakes wälzen. 20 Min. backen.

❯❯ Hähnchen-Nuggets

Kinderpizza

Das lustige Pizza-gesicht

>> Pizza ist perfekt für kleine Kinderhände.

Für 4 Pizzen • gelingt leicht
🕐 15 Min. + 20 Min. Backzeit

100 g Magerquark • 1 Eier • 3 EL Olivenöl •
200 g Dinkelmehl Type 1050 • 1 TL Backpulver • Salz • 1 TL Pizzagewürz • 2 EL passierte Tomaten • 4 EL geriebener Käse
(z. B. Gouda)

● Den Backofen auf 180 °C Ober- und
Unterhitze vorheizen.

● Quark, Ei und Öl mischen. Anschließend Mehl, Backpulver, Salz und Pizzagewürz zugeben und einen Teig anrühren.

● Teig vierteln und zu 4 Fladen ausrol-
len. Diese auf ein mit Backpapier belegtes Blech legen.

● Den Teig mehrmals mit einer Gabel
einstechen, mit Pizzatomaten bestreichen und nach Lust und Laune belegen.

● Anschließend mit geriebenem Käse
belegen und 20 Min. backen.

>> Tom isst seine Pizza besonders gern,
wenn sie ein Gesicht hat.

Für 4 Pizzen • gelingt leicht
🕐 15 Min. + 20 Min. Backzeit

1 Pizzateig (s. l.) • ¼ Paprika •
¼ Zucchini • 4 Champignons •
1 schwarze Olive • 4 TL Mais • 2 EL passierte Tomaten • 4 EL geriebener Käse
(z. B. Gouda)

● Den Backofen auf 180 °C Ober- und
Unterhitze vorheizen. Paprika, Zucchini,
Champignon und Oliven in Scheiben
schneiden.

● Pizzateig (siehe links) mit Tomaten bestreichen. Aus dem Gemüse ein Gesicht
gestalten: Mit je 1 TL Mais pro Pizza
Haare legen, Zucchini- und Olivenschei-
ben bilden die Augen. Mit Champignons
forme ich eine Nase, mit den Paprika-
streifen einen Mund.

● Mit geriebenem Käse belegen und
20 Min. backen.

❯ Pizzagesicht

Toast Hawaii

>> Ein Klassiker unter den belegten Toastbroten, der durch die süße Ananas ganz besonders bei Kindern beliebt ist.

Für 3 Toasts • geht schnell
⏱ 10 Min. + 7 Min. Backzeit

1 kleine Ananas • 3 Scheiben Vollkorntoast • 3 Scheiben gekochter Schinken • 2 EL Butter • 3 Scheiben Gouda

● Den Ofen auf 180 °C Ober- und Unterhitze vorheizen.

● Die Ananas schälen und in dünne Scheiben schneiden.

● Die Toastscheiben dünn mit Butter bestreichen.

● Jeden Toast mit Schinken, Ananas und Gouda belegen.

● Im vorgeheizten Ofen 7 Min. backen.

Das passt dazu Preiselbeerkompott

Pizzabrötchen

>> Pizzabrötchen sind bei Tom ganz besonders beliebt. Und auch bei mir, denn sie sind im Handumdrehen zubereitet und schmecken einfach toll.

Für 4 Brötchen • geht schnell
⏱ 10 Min. + 10 Min. Backzeit

2 Brötchen • ½ Paprikaschote • 4 Cocktailtomaten • 1 Schalotte • 100 g Sauerrahm • 50 g geriebener Käse • Salz • Pfeffer • 1 TL Pizzagewürz • 2 EL Mais

● Den Backofen auf 180 °C Ober- und Unterhitze vorheizen. Die Brötchen aufschneiden. Schalotte schälen und in kleine Würfel schneiden. Paprika und Cocktailtomaten ebenfalls in kleine Würfel schneiden.

● Nun alle Zutaten in einer Schüssel vermischen und die Brötchenhälften bestreichen.

● Etwa 10 Min. backen.

Variante Lecker auch mit mit Kochschinken oder Salami. Statt Brötchen könnt ihr auch Baguettescheiben verwenden.

Hähnchengemüse

>> Dieses schnelle Ofengericht trifft genau unseren Geschmack.

Für 1 Kind und 1 Erwachsenen • gelingt leicht
⏱ 15 Min. + 20 Min. Backzeit

1 kleiner Brokkoli • 2 Hähnchenbrustfilets • 1 kleine Süßkartoffel • 3 EL Olivenöl • 1 TL Ahornsirup (alternativ Honig) • etwas Salz • etwas Pfeffer • ½ TL Currypulver • 1 EL gemischte Kräuter, TK

● Den Backofen auf 200 °C Ober- und Unterhitze vorheizen.

● Den Brokkoli in kleine Röschen schneiden. Die Hähnchenbrustfilets waschen und in mundgerechte Stücke schneiden. Die Süßkartoffel schälen und in kleine Würfel schneiden.

● Das Gemüse in einer Schüssel mit Olivenöl, Ahornsirup, Salz, Pfeffer, Currypulver und Kräutern mischen.

● Auf ein mit Backpapier belegtes Blech geben und 20 Min. backen.

Hackbällchen mit Möhren

>> Hackbällchen sind ein prima Fingerfood für kleine Kinderhände. Durch die Möhre werden sie schön saftig.

Für ca. 25 Hackbällchen • gelingt leicht
⏱ 15 Min. + 20 Min. Backzeit

1 Schalotte • 1 kleine Möhre • 200 g gemischtes Hackfleisch • 1 Ei • 2 EL Semmelbrösel, Vollkorn • 1 TL Senf • 1 TL gehackte Petersilie, TK • etwas Salz • etwas Pfeffer

● Den Ofen auf 200 °C Umluft vorheizen.

● Die Schalotte schälen und in kleine Würfel schneiden, die Möhre schälen und raspeln.

● Alle Zutaten zusammen in eine Schüssel geben, vermischen und kleine Hackbällchen formen.

● Diese auf ein mit Backpapier belegtes Blech setzen und 15 Min. backen.

● Anschließend einmal wenden und weitere 5 Min. backen.

Knusperpommes

>> Diese leckeren Knusperpommes werden im Nu aufgegessen.

Für 1 Kind und 1 Erwachsenen • braucht etwas mehr Zeit
⏱ 15 Min. + 30 Min. Backzeit

500 g Kartoffeln, vorwiegend fest-kochend • 2 EL Rapsöl • ½ TL Paprika, edelsüß • Meersalz

● Den Backofen auf 180 °C Umluft vor-heizen.

● Die Kartoffeln schälen und in ca. 1 cm dicke Streifen schneiden. Dann unter flie-ßendem Wasser abspülen, um die Stärke herauszuwaschen, und mit einem Kü-chentuch trockentupfen. So werden die Pommes beim Backen knusprig.

● Die Pommes in einer Schüssel gut mit Öl, Paprikapulver und etwas Meersalz vermengen.

● 25–30 Min. backen, zwischendurch wenden.

Gemüsepuffer

>> So lecker kann Gemüse schmecken!

Für ca. 15 Puffer • braucht etwas mehr Zeit
⏱ 15 Min. + 25 Min. Backzeit

1 kleine Zucchini • 2 Möhren • 1 Ei • 2 EL Parmesan • 1 EL gehackte Petersilie, TK • 2 EL Semmelbrösel, Vollkorn • Salz • Pfef-fer

● Den Ofen auf 180 °C Ober- und Unterhitze vorheizen.

● Die Möhren schälen. Möhren und Zucchini grob raspeln. Leicht salzen und 10 Min. ziehen lassen.

● Nun die Flüssigkeit mit einem saube-ren Küchentuch ausdrücken.

● Alle Zutaten in einer Schüssel mitein-ander mischen und ca. 15 kleine Puffer formen und leicht flach drücken.

● 10 Min. von jeder Seite backen.

●> Knusperpommes und Gemüsepuffer

Ofen-Pfannkuchen

>> Hmm, Pfannkuchen! Unser Favorit ist der Ofenpfannkuchen mit Heidelbeeren.

Für 1 Blech-Pfannkuchen • gelingt leicht
⊘ 10 Min. + 15 Min. Backzeit

1 Banane • 100 g Heidelbeeren • 140 g Dinkelmehl Type 1050 • 2 Eier • 200 ml Mandelmilch (oder normale Milch) • 50 g Naturjoghurt • 1 EL Ahornsirup oder Honig • ½ TL gemahlene Vanille • Kokosöl oder Butter zum Einfetten

● Den Ofen auf 180 °C Ober- und Unterhitze vorheizen.

● Banane schälen und in dünne Scheiben schneiden. Heidelbeeren waschen. Aus Mehl, Eiern, Milch, Naturjoghurt, Ahornsirup und Vanille einen Teig anrühren.

● Ein Backblech mit Backpapier auslegen und einfetten. Den flüssigen Teig auf das Blech geben und mit Bananenscheiben und Heidelbeeren belegen.

● 15 Min. backen.

Schnelle Haferflocken-Kekse

>> Ein toller, süßer Snack für zwischendurch.

Für 15 Kekse • gelingt leicht
⊘ 5 Min. + 20 Min. Backzeit

2 reife Bananen • 150 g Haferflocken

● Den Backofen auf 180 °C Ober- und Unterhitze vorheizen.

● Bananen schälen und mit der Gabel zerdrücken. Bananenmus mit Haferflocken vermischen.

● Aus der Masse kleine Kugeln formen und plattdrücken.

● 15–20 Min. backen.

Tipp Nach Belieben könnt ihr noch weitere Zutaten wie 4 EL klein gehacktes Trockenobst, 2 EL Erdnussbutter, 4 EL Kokosflocken, 1 EL Chiasamen, Zimt, Agavendicksaft oder Honig zugeben.

•> Ofen-Pfannkuchen

Rezeptregister

A
Apfel
– Apfel-Milchreis 30
– Apfel-Omelett 84
– Gebratener Apfel mit Vanille-Joghurt 32
– Gefüllte Laugenstangen 91
– Orangen-Couscous 34
– Vanille-Porridge mit Apfel 28
Asiapfanne 88
Avocado
– Nudeln Caprese mit Avocado 47
– Quinoa mit Süßkartoffeln 68

B
Banane
– Bananen-Curry mit Blumenkohl 64
– Haferflocken-Kekse 100
– Himbeer-Bananen-Marmelade 30
– Ofen-Pfannkuchen 100
– Orangen-Couscous 34
– Schoko-Bananen-Porridge 28
Birne
– Warmes Bircher Müsli 32
Blumenkohl
– Bananen-Curry mit Blumenkohl 64
– Gemüsebrühe ohne Salz 55
– Kartoffelgemüse mit Hähnchen 72
– Nudeln mit Blumenkohl und Parmesan 52
– Nudelsuppe mit Gemüse und Ei 54
– Reissuppe mit Hackbällchen 66
Brokkoli
– Hähnchen-Curry mit Reis 64
– Hähnchengemüse 97
– Hirse mit Hackfleisch und Brokkoli 65
– Kartoffel-Gemüse-Topf 74

– Nudeln mit Brokkoli und Tomaten 38
– Schnelle Asiapfanne 88
– Süßkartoffel-Curry mit Pute 71
Bulgur
– Bulgursalat 66

C
Champignons
– Das lustige Pizzagesicht 94
– Gemüsereis 58
– Nudeln mit Zucchini und Champignons 38
– Risotto mit Spinat und Champignons 62
Couscous
– Couscous mit Lachs und Zucchini 68
– Orangen-Couscous 34
– Warmer Couscous mit Heidelbeeren 26

D
Djuvec-Reis 60

E
Ei
– Apfel-Omelett 84
– Gebackene Süßkartoffeln mit Spinat und Ei 79
– Gemüsepuffer 98
– Kartoffel-Mais-Tortilla 82
– Kartoffel-Möhren-Röstis 86
– Nudelsuppe mit Gemüse und Ei 54
– Ofen-Pfannkuchen 100
– Pfannentoast mit Spiegelei 80
– Zucchini-Omelett 84
Erbsen
– Kartoffeln mit Kohlrabi, Erbsen und Möhren 76
– Konfetti-Nudeln 44
– Nudel-Frikassee 54

– Nudeln mit Erbsen, Möhren und Schinken 37
– »Risi-Bisi«-Reis 60
– »Wikinger«-Topf 52
– Würstchentopf 41
Erdbeeren
– Grießbrei mit Beeren 26
– Obstsalat mit Quinoa 34

F
Fischstäbchen 92
Fruchtige Nudeln mit Mango und Paprika 50

G
Gebackene Süßkartoffeln mit Spinat und Ei 79
Gebratener Apfel mit Vanille-Joghurt 32
Gefüllte Laugenstangen 91
Gemüsebrühe ohne Salz 55
Gemüsepuffer 98
Gemüsereis 58
Gnocchi in Tomatensoße 77
Gnocchi-Zucchini-Pfanne 88
Grießbrei
– Grießbrei mit Beeren 26
Gurke
– Bulgursalat 66

H
Hackfleisch
– Hackbällchen mit Möhren 97
– Hirse mit Hackfleisch und Brokkoli 65
– Kartoffel-Hackfleisch-Pfanne 86
– Nudeln »Bolognese« 48
– Reissuppe mit Hackbällchen 66
– »Wikinger«-Topf 52
Haferflocken-Kekse 100
Hähnchen
– Hähnchen-Curry mit Reis 64
– Hähnchengemüse 97

– Hähnchen-Nuggets 92
– Kartoffelgemüse mit Hähnchen 72
– Nudel-Frikassee 54
– Nudeln mit Hühnchen in Tomatensoße 42

Heidelbeeren
– Grießbrei mit Beeren 26
– Obstsalat mit Quinoa 34
– Ofen-Pfannkuchen 100
– Warmer Couscous mit Heidelbeeren 26

Himbeeren
– Grießbrei mit Beeren 26
– Himbeer-Bananen-Marmelade 30

Hirse
– Hirse mit Hackfleisch und Brokkoli 65
– Hirse-Müsli mit Mango 25

K
Kartoffel
– Kartoffelgemüse mit Hähnchen 72
– Kartoffel-Gemüse-Topf 74
– Kartoffel-Hackfleisch-Pfanne 86
– Kartoffel-Kürbis-Curry 74
– Kartoffel-Mais-Tortilla 82
– Kartoffel-Möhren-Püree 77
– Kartoffel-Möhren-Röstis 86
– Kartoffeln mit Kohlrabi, Erbsen und Möhren 76
– Würstchen-Kartoffel-Topf 72

Kartoffeln
– Gnocchi in Tomatensoße 77
– Gnocchi-Zucchini-Pfanne 88
– Knusperpommes 98

Kichererbsen
– Bulgursalat 66

Kohlrabi
– Kartoffeln mit Kohlrabi, Erbsen und Möhren 76
– Nudelsuppe mit Gemüse und Ei 54
– »Risi-Bisi«-Reis 60
– »Wikinger«-Topf 52

Kokosmilch
– Bananen-Curry mit Blumenkohl 64
– Hähnchen-Curry mit Reis 64
– Kartoffel-Kürbis-Curry 74
– Nudeln mit Kürbis und Kokosmilch 46
– Süßkartoffel-Curry mit Pute 71
Konfetti-Nudeln 44

Kürbis
– Kartoffel-Kürbis-Curry 74
– Nudeln mit Kürbis und Kokosmilch 46

L
Lachs
– Couscous mit Lachs und Zucchini 68
– Fischstäbchen 92
– Nudeln mit Lachs und Zucchini 47

Lauch
– Würstchen-Kartoffel-Topf 72
Laugenstangen 91

M
Mango
– Fruchtige Nudeln mit Mango und Paprika 50
– Hirse-Müsli mit Mango 25

Milchreis
– Apfel-Milchreis 30

Möhren
– Gemüsebrühe ohne Salz 55
– Gemüsepuffer 98
– Gemüsereis 58
– Hackbällchen mit Möhren 97
– Kartoffel-Möhren-Püree 77
– Kartoffel-Möhren-Röstis 86
– Kartoffeln mit Kohlrabi, Erbsen und Möhren 76
– Konfetti-Nudeln 44
– Nudeln »Bolognese« 48
– Nudeln mit Erbsen, Möhren und Schinken 37
– Nudeln mit Kürbis und Kokosmilch 46

– Nudelsuppe mit Gemüse und Ei 54
– Reissuppe mit Hackbällchen 66
– Schneller Möhrenreis 57
– »Wikinger«-Topf 52
– Würstchen-Kartoffel-Topf 72
– Würstchentopf 41

Müsli
– Hirse-Müsli mit Mango 25
– Warmes Bircher Müsli 32

N
Nudeln
– Fruchtige Nudeln mit Mango und Paprika 50
– Konfetti-Nudeln 44
– Nudel-Frikassee 54
– Nudeln »Bolognese« 48
– Nudeln Caprese mit Avocado 47
– Nudeln mit Blumenkohl und Parmesan 52
– Nudeln mit Brokkoli und Tomaten 38
– Nudeln mit Erbsen, Möhren und Schinken 37
– Nudeln mit Hühnchen in Tomatensoße 42
– Nudeln mit Kürbis und Kokosmilch 46
– Nudeln mit Lachs und Zucchini 47
– Nudeln mit Spinat und Tomaten 42
– Nudeln mit Tomaten und Basilikum 40
– Nudeln mit Zucchini und Champignons 38
– Nudelsuppe mit Gemüse und Ei 54
– Schnelle Nudelpfanne 80
– Schupfnudel-Gemüse-Pfanne 83
– »Wikinger«-Topf 52
– Würstchentopf 41

O
Obstsalat mit Quinoa 34
Orangen
– Orangen-Couscous 34

P
Paprika
– Das lustige Pizzagesicht 94
– Djuvec-Reis 60
– Fruchtige Nudeln mit Mango und Paprika 50
– Gemüsereis 58
– Gnocchi in Tomatensoße 77
– Kartoffel-Gemüse-Topf 74
– Konfetti-Nudeln 44
– Pizzabrötchen 96
– Schnelle Asiapfanne 88
– Schupfnudel-Gemüse-Pfanne 83
Pfannentoast mit Spiegelei 80
Pfannkuchen 100
Pizza 94
Pizzabrötchen 96
Pizzagesicht 94
Pommes 98
Porridge
– Schoko-Bananen-Porridge 28
– Vanille-Porridge mit Apfel 28
Pute
– Süßkartoffel-Curry mit Pute 71

Q
Quinoa
– Obstsalat mit Quinoa 34
– Quinoa mit Süßkartoffeln 68

R
Reis
– Bananen-Curry mit Blumenkohl 64
– Djuvec-Reis 60
– Gemüsereis 58
– Hähnchen-Curry mit Reis 64
– Reissuppe mit Hackbällchen 66

– »Risi-Bisi«-Reis 60
– Risotto mit Spinat und Champignons 62
– Schneller Möhrenreis 57
– Tomatenrisotto 62
Risi-Bisi-Reis 60
Risotto mit Spinat und Champignons 62

S
Schinken
– Nudeln mit Erbsen, Möhren und Schinken 37
– »Risi-Bisi«-Reis 60
– Zucchini-Omelett 84
Schneller Möhrenreis 57
Schoko-Bananen-Porridge 28
Schupfnudel-Gemüse-Pfanne 83
Spargel
– Nudel-Frikassee 54
Spinat
– Gebackene Süßkartoffeln mit Spinat und Ei 79
– Nudeln mit Spinat und Tomaten 42
– Quinoa mit Süßkartoffeln 68
– Risotto mit Spinat und Champignons 62
Süßkartoffel
– Gebackene Süßkartoffeln mit Spinat und Ei 79
– Hähnchengemüse 97
– Quinoa mit Süßkartoffeln 68
– Süßkartoffel-Curry mit Pute 71

T
Toast Hawaii 96
Tomaten
– Bulgursalat 66
– Djuvec-Reis 60
– Gnocchi in Tomatensoße 77
– Kartoffel-Hackfleisch-Pfanne 86
– Konfetti-Nudeln 44
– Nudeln »Bolognese« 48

– Nudeln Caprese mit Avocado 47
– Nudeln mit Brokkoli und Tomaten 38
– Nudeln mit Hühnchen in Tomatensoße 42
– Nudeln mit Spinat und Tomaten 42
– Nudeln mit Tomaten und Basilikum 40
– Pizzabrötchen 96
– Schnelle Nudelpfanne 80
– Schupfnudel-Gemüse-Pfanne 83
– Tomatenrisotto 62
– Zucchini-Brotaufstrich 31
Tomatenrisotto 62

V
Vanille-Porridge mit Apfel 28

W
Warmer Couscous mit Heidelbeeren 26
Warmes Bircher Müsli 32
»Wikinger«-Topf 52
Würstchen-Kartoffel-Topf 72
Würstchentopf 41

Z
Zucchini
– Couscous mit Lachs und Zucchini 68
– Das lustige Pizzagesicht 94
– Gemüsepuffer 98
– Gnocchi-Zucchini-Pfanne 88
– Nudeln mit Hühnchen in Tomatensoße 42
– Nudeln mit Lachs und Zucchini 47
– Nudeln mit Zucchini und Champignons 38
– Zucchini-Brotaufstrich 31
– Zucchini-Omelett 84